7·9급 공무원 시험대비 **개정판**

박문각
공무원

특 별 판

브랜드만족
1위
박문각

**20
25**

김재준
행정학

키워드 요약집

김재준 편저

동영상강의 www.pmg.co.kr

'표'와 '두문자'로 행정학 완벽암기

복습과 마무리 정리에 최적화된 요약노트

이 책의 **머리말**

수험생분들에게 보내는 편지

안녕하세요. 김재준 강사입니다.

많은 수험생 분들이 행정학 분량에 압도되어 어려움을 겪고 있습니다. 이러한 어려움을 덜어드리기 위해서 '행정학 키워드 요약집'을 만들었습니다.

수학을 처음 배울 때도 구구단이나 사칙연산을 자유롭게 사용할 수 있어야 더 어려운 내용을 배우더라도 어려움이 없듯이 행정학을 정복하기 위해서는 가장 기본인 기출문제의 핵심 내용들을 숙지하는 것이 중요합니다.

'행정학 키워드 요약집'은 행정학의 구구단이나 사칙연산과 같이 행정학 수험생이라면 완벽하게 숙지하고 있어야 할 내용을 150페이지 분량의 '표' 형태로 구성한 교재입니다. 교재에 포함된 내용은 기출문제와 행정학 관련 최신법령이므로 간신히 기억해 내는 정도가 아니라 완벽하게 암기하고 숙지해야 합니다. 또한 암기에 도움이 되는 '두문자'도 함께 표기해 두었습니다.

'행정학 키워드 요약집'이 막연한 수험 행정학 학습에 조금이나마 도움이 되길 바랍니다.

여러분의 꿈을 항상 응원합니다.

2024년 10월

김재준

활용 방법(기본 5회독)

1 기본강의 수강 전에 전체적으로 1회독

2 기본강의 수강하면서 파트별 1회독, 두문자 암기 및 필기

3 기본강의 수강 후 전체적으로 1회독 및 두문자 암기

4 진도별 문제 풀이하면서 1회독, 암기 및 이해 안 되는 부분 표기

5 암기 및 이해 안 되는 부분 위주로 수시로 반복(시험 전)

※ '행정학 기출 요약집'과 함께 학습(카페에서 자료 제공)

이 책의
차례

CONTENTS

김재준 행정학
키워드 요약집

합격까지 **박문각**

총론

총론

Theme 01 사바스의 공공서비스 유형(시·요·공·공)

경합성 배제성	경합	비경합
배제	**시장재** • 부분적인 정부개입 • 구두, 라면, 자동차, 냉장고 등	**요금재** • 자연독점 • 고속도로, 상하수도, 케이블TV 등
비배제	**공유재** • 공유지의 비극(사유화, 정부 규제, 공동체 스스로 해결) • 목초지, 국립도서관, 올림픽 주경기장, 해저광물, 출근길 시내도로, 공공낚시터 등	**공공재** • 무임승차 • 일기예보, 국방, 외교, 무료TV방송, 등대 등

Theme 02 규제

1 윌슨(J, Q, Willson)의 규제정치(대·고·기·이)

구분		편익	
		분산	집중
감지된 비용	분산	**대중정치** • 집단의 조직화가 어려움. • 음란물 규제, 차량 10부제, 낙태 규제, 신문·방송·출판물의 윤리규제 등	**고객정치** • 소수의 편익 수혜자 논리가 투입(포획현상) • 농산물에 대한 최저가격제, 수입 규제 등
	집중	**기업가정치** • 정책형성과 집행에 어려움. • 환경오염규제, 자동차안전규제, 식품위생규제, 위해물품규제 등	**이익집단정치** • 이해관계자 집단 간 첨예한 대립 • 의사와 약사, 의사와 한의사 간 갈등 등

2 수단규제(투입규제) · 관리규제(과정규제) · 성과규제(산출규제)

수단규제(투입규제)	관리규제(과정규제)	성과규제(산출규제)
• 사전적인 규제 • 특정한 유형의 환경 통제 기술을 사용할 것을 요구, 작업장 안전확보를 위한 안전장비 착용 등	• 과정에 대한 규제 • 위해요소중점관리기준(HACCP) 등	• 결과에 대한 규제 • 규제대상의 자율성이 높음. • 신약의 부작용에 대한 허용 가능한 발생 수준

3 직접규제 · 공동규제 · 자율규제

직접규제	공동규제	자율규제
정부가 직접 규제	정부로부터 위임을 받은 민간집단에 의해 이루어지는 규제	• 피규제자가 스스로 규제 • 행정력이 부족하거나 규제기관의 기술적 전문성이 피규제집단에 비해 현저하게 낮은 경우에 적용

4 포지티브 규제 · 네거티브 규제

포지티브 규제	네거티브 규제
원칙 금지 · 예외 허용	• 원칙 허용 · 예외 금지 • 피규제기관의 자율성이 높음.

5 경제적 규제 · 사회적 규제

경제적 규제	사회적 규제
• 시장의 가격 기능에 개입 • 인 · 허가 등록과 같은 진입규제, 퇴거규제 등	• 시민의 안전 등을 위해 요구되는 규제 • 소비자안전규제, 산업재해규제, 환경규제 등

6 규제관련 기타 사항

포획현상	• 규제기관이 피규제기관의 입장에 동조하는 현상 • 경제적 규제에 잘 나타남. • 규제기관에 대한 관심이 낮아지면 포획현상이 촉발되기 쉬움.
지대추구이론	정부규제가 지대를 만들어내고 이해관계자집단으로 하여금 그 지대(＝특혜)를 추구하게 함.
규제의 역설	규제로 인해 공익을 저해하는 현상
타르 베이비 효과 (규제의 피라미드)	규제가 규제를 낳는 결과를 초래하는 현상

7 행정규제기본법

- 규제는 법률에 근거, 원칙적으로 5년을 초과할 수 없음.
- **규제개혁위원회**: 대통령 소속, 위원장 2명을 포함한 20명 이상 25명 이하의 위원
- **규제영향분석**: 규제를 강화하거나 신설하고자 할 때 사용, 규제의 경제·사회적 영향 분석
- **규제개혁 순서**: 규제완화(절차와 구비서류의 간소화 등 규제총량 감소) → 규제품질관리(규제영향분석 등을 통한 개별 규제의 질적 관리) → 규제관리(국가 차원의 전체 규제의 정합성 관리)

Theme 03 행정지도

- 법적 구속력을 수반하지 않는 권고, 협조요청 등
- 민간부문의 정부 의존도가 높고, 입법조치가 탄력적이지 못할 때 활용

Theme 04 민원행정(민원 처리에 관한 법률)

1 민원의 종류

일반민원	• **법정민원**: 인가·허가·승인 또는 법률관계에 관한 확인 또는 증명을 신청 • **질의민원**: 법령·제도·절차 등에 관하여 행정기관의 설명이나 해석을 요구 • **건의민원**: 행정제도 및 운영의 개선을 요구하는 민원 • **기타민원**: 행정기관에 단순한 행정절차 등에 대한 상담·설명 등
고충민원	국민의 권리를 침해하거나 국민에게 불편 또는 부담을 주는 사항에 관한 민원
복합민원	여러 관계 기관 또는 관계 부서의 인가·허가·승인·추천·협의 등을 거쳐 처리되는 민원
다수인관련민원	5세대 이상의 공동이해와 관련되어 5명 이상이 연명으로 제출하는 민원

2 민원인 및 민원신청 방법

- **민원인**: 행정기관에 민원을 제기하는 개인·법인 또는 단체, 다만, 행정기관(사경제의 주체로서 제기하는 경우는 제외한다), 행정기관과 사법상 계약관계에 있는 자 등은 제외
- **민원신청 방법**: 민원의 신청은 문서(전자문서를 포함)로 하여야 하며, 다만 기타민원은 구술 또는 전화로 할 수 있다.

3 민원 처리의 예외

- 고도의 정치적 판단을 요하거나 국가기밀 또는 공무상 비밀에 관한 사항
- 수사, 재판 및 형집행에 관한 사항 또는 감사원의 감사가 착수된 사항
- 판결·결정·재결·화해·조정·중재 등에 따라 확정된 권리관계에 관한 사항
- 사인 간의 권리관계 또는 개인의 사생활에 관한 사항

Theme 05 공공기관의 정보공개에 관한 법률

1 대상 공공기관 · 청구권자 · 청구방법 · 공개여부 결정

- 국민의 알권리 보장 및 국민의 참여와 국정의 투명성 확보를 위하여 1996년 제정
- **대상 공공기관**: 중앙행정기관 및 그 소속기관, 국회, 법원, 헌법재판소, 중앙선거관리위원회, 지방자치단체, '공공기관 운영에 관한 법률'에 따른 공공기관 등
- **청구권자**: 모든 국민, 일정한 요건을 갖춘 외국인 등
- **청구방법**: 정보공개 청구서를 제출하거나 말로써 공개를 청구할 수 있음.
- **공개여부 결정**: 그 청구를 받은 날부터 10일 이내(10일의 범위에서 연장 가능)

2 비공개 대상 정보 및 제외

비공개	• 다른 법률 또는 법률에서 위임한 명령에 따라 비밀이나 비공개 사항 • 국가안전보장·국민의 생명·신체 및 재산의 보호에 현저한 지장을 초래하는 정보 • 진행 중인 재판에 관련된 정보 및 범죄의 예방, 감사에 관한 사항 및 의사결정 과정 또는 내부검토 과정에 있는 사항 • 사생활의 비밀 또는 자유를 침해할 우려가 있다고 인정되는 정보 등
비공개 제외	• 법령에서 정하는 바에 따라 열람할 수 있는 정보 • 사생활의 비밀 또는 자유를 부당하게 침해하지 아니하는 정보 • 공익이나 개인의 권리 구제를 위하여 필요하다고 인정되는 정보 • 직무를 수행한 공무원의 성명·직위, 국가 또는 지방자치단체가 업무의 일부를 위탁 또는 위촉한 개인의 성명·직업 등

3 정보공개위원회

- 행정안전부장관 소속
- 위원장과 부위원장 각 1명을 포함한 11명의 위원, 7명은 공무원이 아닌 사람
- 임기는 2년으로 하며, 연임 가능

Theme 06 시장실패

1 시장실패의 원인(공·외·자·불·정)

공공재	시장에 의해 공공재가 충분히 공급되기 어려움.
외부효과	• 외부경제: 정원 꾸미기 등 제3자에게 이득 → 보조금 • 외부불경제: 오염물질 배출 등 제3자에게 피해 → 피구세, 소유권 부여(코오즈 정리), 오염허가서 등 정부가 규제
자연독점	대규모 투자가 필요한 분야에 규모의 경제가 발생하고 이로 인한 독점 현상
불완전 경쟁	완전독점과 완전경쟁 시장 사이를 의미하며, 독점적 경쟁이나 과점을 의미
정보의 비대칭	주인 - 대리인 간 정보의 비대칭 현상 등 거래 당사자들이 가진 정보의 양이 다름.

2 시장실패 원인별 대응

원인 \ 정부대응	공적공급(행정조직)	공적유도(보조금)	정부규제(권위)
공공재의 존재	○		
외부효과의 발생		○	○
자연독점	○		○
불완전경쟁			○
정보의 비대칭		○	○

3 넛지(Nodge)이론

- 불확실한 상황에서 휴리스틱스(직관, 상식 등)가 유발하는 비합리적 의사결정을 행동경제학에서는 행동적 시장실패라 함.
- 행동에 개입하지만 개인의 자유로운 선택을 허용하는 자유주의적 개입주의를 지향
- 디폴트 옵션 설정 등 넛지 방식으로 정책을 설계하는 것이 선택설계

Theme 07 　정부실패

1 정부실패의 원인

사적 목표의 설정	관료 개인이나 소속기관의 이익을 우선적으로 고려하는 내부성 발생
X-비효율성	정부가 재화나 서비스를 독점적으로 제공하기 때문에 발생
파생적 외부효과	시장실패를 해결하기 위해 정부가 개입하여 발생한 의도하지 않은 부작용
권력의 편재	정부는 강제력을 가지고 있으므로, 권력으로 인한 분배적 불공평성이 발생
비용과 편익의 괴리	• 정부가 제공하는 서비스는 비용과 편익이 이어져 있지 않음. • 다수의 비용과 소수의 편익이 발생하는 미시적 절연과 소수의 비용과 다수의 편익이 발생하는 거시적 절연으로 구분됨.
지대추구행위	정부가 발생시키는 인위적 지대를 획득하기 위해 자원을 낭비하는 활동

2 정부실패 원인별 대응

원인＼대응	민영화	정부보조 삭감	규제완화
사적목표의 설정(내부성)	○		
X-비효율성	○	○	○
파생적 외부효과		○	○
권력의 편재	○		○

Theme 08 정부의 규모

1 정부규모 팽창 관련 이론

파킨슨의 법칙	• 공무원의 수가 해야 할 업무에 관계없이 일정 비율로 증가하는 현상 • 부하배증의 법칙: 동료보다 부하 직원을 충원하려는 경향 • 업무배증의 법칙: 혼자 일하던 때와는 달리 지시, 보고, 승인, 감독 등 파생적 업무가 창조되어 본질적 업무의 증가 없이 업무량이 늘어남.
피콕과 와이즈만의 전위효과	전쟁 등 사회혼란기에 공공지출이 상향조정되면 상황이 해소된 후에도 공공지출이 유지되는 현상
와그너의 법칙	1인당 국민소득이 증가할 때, 공공부문의 상대적 크기가 증가
니스카넨의 예산극대화 가설	관료들이 권력의 극대화를 위해 자기부서의 예산극대화를 추구하는 현상
브레넌과 뷰캐넌의 리바이던가설	재정권을 독점한 정부에서 정치가나 관료들이 독점적 권력을 국민에게 남용하여 재정규모를 과도하게 팽창
보몰효과	생산성이 낮은 공공부문의 팽창이 사회전체 경쟁력을 저하시킴.
로머와 로젠탈의 회복수준 이론	관료들은 회복수준을 낮게 잡아서, 자신들이 제출한 예산안이 통과되도록 함.

2 정부규모 축소 관련 이론

갈브레이드의 의존효과	공공재는 사적재와 달리 광고 등을 통한 욕망 창출을 하지 못하여 과소공급되는 경향을 가짐.
머스그레이브의 조세저항	공공재로부터 받는 효용에 비해 조세 부담에 대한 비용이 많다고 인지하기 때문에, 조세저항이 발생하여 공공재의 과소공급으로 이어짐.
다운스의 합리적 무지	공공재로부터 얻는 효용에 대한 충분한 정보가 없는 상태에서, 합리적인 개인은 공공재를 축소하려는 경향을 가짐.

Theme 09 민영화(민간화)

1 민영화(민간위탁 기준 : 국민의 권리·의무와 직접 관계되지 아니한 사항)

장점	단점
효율성 향상, 대응성 제고, 정치적 부담 감소	• 형평성 및 행정의 책임성 문제 • 크림 스키밍 : 사업이 잘 될 것 같은 분야로만 몰리게 되는 현상

2 사바스(Savas)의 공공서비스 제공방식

구분		배열자	
		정부	민간
생산자	정부	• 정부서비스 : 정부가 세금이나 수수료를 받아서 행정서비스를 제공하는 방식 • 정부 간 협약 : 정부 간에 서비스 제공에 대한 계약을 맺는 방식	정부 응찰 : 민간이 정부기관으로부터 물건이나 서비스를 구매하는 방식
	민간	• 계약 : 정부가 민간에게 비용을 지불하고 서비스를 제공하도록 하는 방식 • 면허(프랜차이즈) : 공공서비스를 제공하는 권리를 인정하는 방식 • 보조금 : 정부가 재정 또는 현물을 지원하는 방식	• 바우처 : 금전적 가치가 있는 쿠폰을 제공하는 방식 • 시장 : 소비자가 배열하고 비용을 지불하는 영역 • 자원봉사 : 공익을 위해 봉사하는 사람을 활용 • 셀프서비스 : 수혜자와 제공자가 같은 집단에 소속되어서 서로 돕는 방식

Theme 10 민간투자 유치

- BTO : 민간이 건설(Build)하고, 정부로 소유권 이전(Transfer) 후, 운영수익(Operate)
  - 운영수익(Operate) : 투자비 회수가 용이한 시설에 적용 가능
- BTL : 민간이 건설(Build)하고, 정부로 소유권 이전(Transfer) 후, 임대수익(Lease)
  - 임대수익(Lease) : 투자비 회수가 어려운 시설에 대해서 실시하는 경우가 일반적
- BOT : 민간이 건설(Build)하고, 운영수익(Operate) 후, 정부로 소유권 이전(Transfer)
- BLT : 민간이 건설(Build)하고, 임대수익(Lease) 후, 정부로 소유권 이전(Transfer)
- BOO : 민간이 건설(Build)하고, 소유(Own)하면서, 운영수익(Operate)

Theme 11　행정서비스 관련 기타 논의

1 사회적 기업(사회적 기업 육성법)

- **사회적 기업** : 취약계층에게 사회서비스 또는 일자리를 제공하거나 지역사회에 공헌하는 기업
- **연계기업** : 사회적 기업이 창출하는 이익을 취할 수 없음.
- **실태조사** : 고용노동부장관이 활동실태를 5년마다 조사
- **인증 요건** : 법인·조합 또는 비영리민간단체 등의 조직형태, 유급근로자 고용 등

2 행정서비스 헌장제

행정서비스의 기준과 내용, 이를 제공받을 수 있는 절차와 방법, 잘못된 서비스에 대한 시정 및 보상조치 등을 구체적으로 정하여 공표하는 것으로, 경찰·외교 등 순수공공재 분야에도 제정 가능

Theme 12　정부와 시민사회

1 시민참여의 장점 및 단점

장점	단점
대의 민주주의 결함의 보완, 정책에 대한 공감과 지지의 확보, 정책집행의 용이, 지역특성의 반영	대표성 및 공정성 확보가 어려움, 전문성 결여, 지역적인 특수이익에 집착, 시간과 비용의 과다 소요

2 NGO(비정부기구), NPO(비영리단체) 등 제3섹터(중간조직)의 등장배경

공공재 이론	시장에서 공급되지 못한 수요를 충족시키기 위해 중간조직이 발생
소비자통제 이론	소비자인 시민이 국가권력을 감시하고 통제하기 위해 중간조직이 발생
계약실패 (시장실패) 이론	영리기업의 서비스의 양과 질을 정확하게 파악하지 못할 때, 비영리성을 띤 준(비)정부조직의 서비스를 더 신뢰
던리비의 관청형성모형	합리적 고위관료들은 책임과 통제가 따르는 집행 분야는 준정부조직 등으로 떼어내고, 권력의 핵심인 참모 기능만 가지려고 함.

3 사회적 자본

의미	• 부르디외 : 관계의 네트워크를 통하여 얻을 수 있는 실체적이고 잠재적인 자원 • 후쿠야마 : 국가의 복지수준과 경쟁력은 사회에 내재하는 신뢰수준이 결정 • 퍼트남 : 네트워크, 규범, 신뢰를 강조
특징	거래비용(감시비용 등)의 감소, 호혜주의, 적극적 참여, 규범 · 사회적 제재력, 사회관계 속에 존재, 사용할수록 증가
한계	외부인을 암묵적으로 배제, 구성원의 사적 자유를 제한, 계량화가 쉽지 않음.

Theme 13 행정의 가치

1 본질적 가치 vs 수단적 가치

본질적 가치(공 · 정 · 자 · 평 · 형)	수단적 가치
공익, **정**의, **자**유, **평**등, **형**평성 등	능률성, 효과성, 합리성, 합법성, 민주성 등

2 중점가치의 변화

입법국가 (1800)	행정 관리론 (1880)	통치 기능론 (1930)	행정 행태론 (1940)	발전 행정론 (1960)	신행정학 (1960)	신공공 관리론 (1980)	뉴거버넌스론 (1990)
합법성	절약과 능률	사회적 능률성 (민주성)	합리성	효과성	형평성	생산성 (능률+효과)	신뢰성

Theme 14-1 행정의 본질적 가치

1 공익

실체설(플라톤, 루소 등)	과정설(슈버트 등)
• 보편적으로 공유하는 이익, 절대가치, 선험적·규범적으로 존재 • 전체이익을 최대화한 것이 공익, 관료의 독자적·적극적 역할을 강조 • 전체주의 입장으로 개인의 이익 침해 가능	• 사회의 다양한 집단 간에 상호 이익을 타협하고 조정하여 얻어진 결과물 • 절차적 합리성을 강조하여, 적법절차의 준수에 의해 공익이 보장 • 개인주의적·다원주의적 시각

◈ 의무론적 윤리론과 목적론적 윤리론

의무론적 윤리론	목적론적 윤리론
도덕규칙 위배 여부로 옳고 그름을 판단	• 행위의 결과에 따라 옳고 그름을 판단 • 최대의 결과를 가져오면 옳은 행위 • 공리주의적 관점

2 롤즈의 정의론

의미	• 사회계약론의 입장에서 정의의 원리를 도입하고, 자유와 평등의 조화를 추구 • 원초적 상태에서 구성원들이 합의하는 규칙 또는 원칙이 공정할 것이라고 전제 • 제1원리 > 제2원리(기회균등의 원리 > 차등의 원리)
제1원리	다른 사람의 자유와 상충되지 않는 범위에서 최대한의 기본적 자유에의 평등
제2원리	• 기회균등의 원리 : 직무와 직위는 모든 사람들에게 공정하게 개방 • 차등의 원리(최소극대화의 원리, Maximin) : 불평등한 배분은 그것이 사회의 최소 수혜자에게도 유리한 경우에 정당화가 가능

3 베를린의 자유관 : 소극적 자유(간섭과 제약이 없는 상태), 적극적 자유(무엇을 할 수 있는 상태)

4 형평성 : 수직적 형평성(동등하지 않은 것을 다르게 취급), 수평적 형평성(동등한 것을 동등하게 취급)

Theme 14-2 　행정의 수단적 가치

1 　능률성과 효과성

능률성(또는 효율성, efficiency)	효과성(effectiveness)
• 투입 대비 산출의 비율 • 능률성을 뒷받침하는 기준으로 **파레토 최적*** 　　　　　　　　형평성을 확보해 주는 것은 아님.	목표를 중시, 1960년대 발전행정론

≋ 사회적 능률(디목)

- 기계적 효율관을 비판하면서 등장, 산출이 인간과 사회의 만족에 기여하는 것을 의미함.
- 다원적인 이익들 간의 조정과 행정조직 구성원들의 인간적 가치 실현 등을 포함하므로 민주성으로 이해되기도 함.

2 　합리성 : 어떤 행위가 궁극적 목표 달성의 최적 수단이 되느냐의 여부를 가리는 개념

사이먼의 합리성	실질적 합리성	목표와 목표를 달성하기 위한 최적의 수단이 선택되는 정도로, 결과에 초점
	절차적 합리성	대안을 선택하기 위한 행위가 의식적인 사유과정의 산물이거나 인지력과 결부되고 있을 때의 합리성으로 절차에 초점

3 　합법성 : 법률적합성을 의미하며 목표의 대치, 형식주의를 가져올 수 있음.

4 　대응성 : 시민의 여망에 부응하는 정도

5 　가외성(redundancy)

의미	불확실한 상황에서의 오류 발생 가능성을 최소화하고 체제의 신뢰성을 높이기 위한 것으로 란다우가 행정학에 도입
가외성의 구분	• **중첩성** : 여러 기관에 한 가지 기능이 혼합 • **반복성** : 동일 기능을 여러 기관에서 독립적으로 수행 • **동등잠재성** : 주기관이 제대로 작동하지 않을 때 보조기관이 대신하여 수행
특징	• 신뢰성 및 창조성 제고, 적응성 증진 • 비용상의 문제와 조직 내 갈등 유발
예시	• 안전을 위하여 자동차의 제동장치를 이중으로 설치하는 것 • 정전에 대비하여 건물 자체적으로 자가발전 시설을 마련하는 것 • 기관장 부재중 부기관장이 대신 수행하는 것

Theme 15 행정의 관점

1 방법론적 개체주의 vs 방법론적 전체주의

방법론적 개체(개인)주의	방법론적 전체(신비)주의
• 분석의 단위를 개체(개인)로 하고, 전체는 개체의 합이라는 관점 • 부분의 합을 전체에 적용할 때 환원주의 오류(합성의 오류) 발생	• 개체의 속성으로 설명할 수 없는 전체 자체의 속성이 있다는 관점 • 전체의 특성을 가지고 부분에 적용할 때 생태적 오류 발생

2 정치 vs 행정

구분	정치행정일원론	정치행정이원론
행정의 역할	**정책형성, 정책결정** 등을 포함	**정책집행**
관련 용어	• 민주성, 형평성 • 1930년대 뉴딜정책, 행정국가	• 능률성, 생산성, 전문성 • 과학적 관리, 행정개혁운동 • 행정은 독자적 학문 • 공사행정일원론의 성립에 기여 • 정당정치개입으로부터 자유로운 행정영역
가치	가치판단	가치중립
학자	• **디목(Dimock)** : 정책결정과 정책집행의 협조적 관계 강조 • **애플비(Appleby)** : 정치와 행정은 정합·연속·순환적 관계	• **윌슨(Wilson)** : 행정과 경영의 유사성을 강조하고 정치와 행정을 분리하고자 함. • **굿노(Goodnow)** : 정치는 국가의 의지를 표명하고 정책을 구현, 행정은 이를 실천 • **귤릭(Gulick)** : 최고관리층의 7가지 기능(POSDCoRB) 제시
새일원론·새이원론	**와이드너(Weidner)** : 행정우위론 관점에서 정치행정새일원론	**사이먼(Simon)** : 행정의 정책결정 기능을 인정

3 공사행정이원론(행정과 경영의 차이점)

구분	행정	경영
정치적	>	
법적 규제	>	
경쟁	독점	경쟁
공권력	○	×
공익	>	
대상	시민(평등하게 대우)	고객(이윤에 따라 차별대우)
구성원 신분보장	원칙상 법령에 의해 보장	−

↔ 공사행정일원론(행정과 경영의 유사점) : 행정과 경영은 대규모 조직의 효율적 관리를 강조

4 정부의 역할

1. 진보주의와 보수주의 정부관

구분	진보주의	보수주의
특징	• 공익목적의 정부규제 강화 강조 • 조세를 통한 소득재분배 강조 • 소외집단을 위한 정부 정책 선호 • 효율과 공정에 대한 자유시장의 잠재력은 인정하지만, 시장실패는 정부개입으로 해결 가능함. • 복지국가	• 시장지향적 규제완화 • 조세감면 및 완화 • 소외집단을 위한 정부 정책을 선호하지 않음. • 자유방임적 자본주의

2. 큰 정부와 작은 정부

구분	큰 정부(행정국가, 복지국가) 관점	작은 정부 관점
특징	• 뉴딜정책, 케인즈주의 • 위대한 사회정책 • 최대의 봉사자가 최선의 정부	• 소극적 자유 선호 • 야경국가 • 대처리즘, 레이거노믹스 • 하이에크(저서 : 노예로의 길) • 신공공관리론

Theme 16 행정학의 발달

1 정부관

해밀턴주의	연방주의: 강한 행정부의 적극적 역할과 행정의 유효성을 지향
제퍼슨주의	자유주의: 소박하고 단순한 정부와 분권적 참여과정 중시
메디슨주의	다원주의: 이익집단 요구의 조정과 이를 가능하게 하는 견제와 균형을 중시
잭슨주의	민주주의: 민주주의를 실현하기 위한 방법으로 엽관주의를 표방

2 행정학의 발달(~1970년대)

윌슨의 행정의 연구 (1887년)	진보주의 운동(엽관제로 인한 비효율과 부패를 혁신하기 위한 공직개혁운동)에 참여했던 윌슨은 행정의 영역을 비즈니스의 영역으로 규정		
굿노의 정치와 행정 (1900년)	정치는 국가의 의지를 표명하고 정책을 구현하는 것이며, 행정은 이를 실천하는 것으로 양자를 구별		
행정관리론 (~1930년대)	절약과 능률, 1906년에 설립된 뉴욕시정조사연구소, 화이트의 '행정연구입문', 윌로비의 '행정원리', 귤릭과 어웍의 '행정과학에 관한 논문집' 등 '정치·행정이원론'과 '행정의 원리'를 토대로 함.		
	사무 관리론	과학적 관리론의 영향을 받은 사무관리론은 사무표준화와 관련 제도를 마련하였고, 1910년 구성된 미국 태프트 위원회는 절약과 능률을 행정관리의 성과를 평가하는 가치기준으로 둠.	
	조직 관리론	모든 조직에 공통적으로 적용되는 일반원리를 연구한 조직관리론은 분업의 원리, 명령통일의 원리 등을 제시 🔍 귤릭은 최고관리자의 능률적인 관리활동을 POSDCoRB[① 계획(planning), ② 조직(organizing), ③ 인사배치(staffing), ④ 지휘(directing), ⑤ 조정(coordinating), ⑥ 보고(reporting), ⑦ 예산(budgeting)]로 집약	
1940년대	• 대공황 이후 뉴딜정책, **행정권의 우월화 현상**(정치·행정일원론) • **애플비**(Appleby)는 정치와 행정은 정합·연속·순환적 관계이므로 양자를 구별하는 것은 적절하지 않다고 보았음(정치·행정일원론). • 사이먼의 '**행정행태론**'이 출간되면서 사회과학 분야에 행태주의가 유행하였고, 행정관리론을 과학성과 보편성을 지니지 못한 격언에 불과하다고 비판		
1950년대	비교행정론: 개발도상국들을 연구한 일반법칙적이고 과학적인 행정이론, 생태적 접근(행정의 종속성을 강조), 리그스의 **프리즘적 행정모형*** 융합사회(농업사회)에서 분화사회(산업사회)로 이행되는 중간 단계로 프리즘적 사회를 설정		

1960년대	발전 행정론	• 대표학자 : 파슨스, 리그스, 와이드너 등 • 후진국의 행정이 국가발전을 주도해 나가는 전략을 연구, 행정 우위의 정치행정일원론 입장, 체제이론에 입각한 거시론적 관점, 효과성이 중요한 가치
	신 행정학	• 대표학자 : 마리니, 왈도, 프레드릭슨 • 후기 행태주의(이스턴), 미노부르크 회의 등이 신행정학에 영향 • 분권화, 정책지향적, 실천적 적실성(현실적합성), 시민참여, 고객지향성, 변화, 사회적 형평성, 행정학의 독자적 주체성 강조, 정치행정일원론 • 규범적·처방적 연구 강조
1970년대		• 감축관리론 : 두 차례의 석유파동 이후 신자유주의와 작은 정부 관점 • 공공선택론 : 오스트롬은 1973년 '미국 행정학의 지적 위기'를 출간하면서 경제학의 요소를 행정학에 접목

3 행정학의 발달(1980년대~)

1980년대	신공공관리론	• 기업경영의 논리와 기법을 정부에 도입·접목, 오스본과 개블러의 정부재창조론 **정부재창조론(1992년)에서 제시한 기업가적 정부운영의 10대 원리** ① 촉진적 정부(방향잡기), ② 지역사회가 주도하는 정부, ③ 경쟁적 정부, ④ 사명 지향적 정부, ⑤ 성과 지향적 정부, ⑥ 고객 지향적 정부, ⑦ 기업가적 정신을 가진 정부, ⑧ 미래에 대비하는 정부, ⑨ 분권적 정부, ⑩ 시장 지향적 정부 • 특징 : 공익을 사익의 총합으로 파악, 폭넓은 행정 재량을 공무원에게 허용, 관료의 공기업가적 역할, 정치행정이원론적 관점, 수익자부담 원칙 강화, 경쟁 원리 강화, 민영화 확대, 규제 완화, 시민을 고객으로 인식 • 비판 : 민간부문의 관리 기법을 공공부문에 그대로 적용하는 데에는 한계가 있음, 민주주의의 책임성 결여
	블랙스버그 선언	행정의 정당성을 침해하는 정치·사회적 상황을 비판
1990년대 이후	탈신공공관리론	• 신공공관리의 역기능적 측면을 교정하기 위하여 등장 • 특징 : 구조적 통합을 통한 분절화의 축소와 조정의 증대, 재집권화(분권화와 집권화의 조화) 및 재규제, 통(通) 정부 또는 연계형 정부, 중앙의 정치·행정적 영향 강화 강조, 민간－공공부문 간 파트너십 강조, 중앙의 정치·행정적 영향 강화를 강조, 정치적 통제 및 공공책임성을 중시하는 인사관리 강조, 역할 모호성의 제거 및 명확한 역할 관계의 안출, 환경적·역사적 문화적 요소에의 유의
	행정재정립운동	직업공무원제를 옹호, 정부를 재창조하기보다는 재발견해야 한다고 주장, 공무원의 적극적인 역할을 옹호

1990년대 이후	뉴거버넌스론	• 특징 : 정부·시장·시민사회 간의 신뢰·협력을 바탕으로 네트워크를 형성, 국민은 국정의 파트너, 사회적 자본, 정치행정일원론적 성격 • 한계 : 조정이 어려움, 책임소재가 불분명
	신공공서비스론	• 덴하트가 신공공관리론적 정부혁신의 한계점을 지적하면서 등장 • 특징 : 시민적 담론과 공익에 기반, 봉사하는 정부, 공익은 공동의 가치에 대한 담론의 결과, 관료의 역할은 공익이나 시민 간의 담론을 통합 • 일곱 가지 원칙 : 시민에게 봉사, 목표로서 공익, 시민의식과 공공서비스 중시, 전략적 사고와 민주적 행동, 책임의 다원성, 방향잡기보다는 봉사, 인간존중

4 전통적 관료제와 신공공관리론

구분	전통적 관료제	신공공관리론
정부의 역할	노젓기	촉진적 정부, 방향잡기
정부의 행정관리 방식	투입중심예산	성과연계예산
	사후대처, 명령, 통제	예측, 예방, 임무중심
서비스 공급	독점적	경쟁
	직접공급	권한부여
	시민	고객지향

5 신공공관리론과 뉴거버넌스론

구분		신공공관리론	뉴거버넌스론
공통점	행정관리	산출에 대한 통제 강조	
	이념적 토대	정부실패에 대한 대응책	
	정부의 역할	방향잡기	
차이점	인식론적 기초	신자유주의	공동체주의
	관료의 역할	공공기업가	조정자
	관리가치	결과	신뢰
	조직	조직내부	조직 간 문제
	작동원리	경쟁	협력
	관리기구	시장	네트워크

6 피터스(B. Guy. Peters)의 정부개혁모형(시ㆍ참ㆍ신ㆍ탈)

구분	전통적 정부	피터스의 정부개혁모형			
		시장적 정부모형	**참**여적 정부모형	**신**축적 정부모형	**탈**규제적 정부모형
문제진단 기준	전근대적인 권위	독점적 공급	계층제	영속성	내부규제
구조개혁 방안	계층제	분권화	평면조직	가상조직	–
관리개혁 방안	직업공무원제, 절차적 통제	성과금, 민간부분의 기법 도입	총품질관리, 팀제	가변적 인사관리	관리 재량권 확대
정책결정 개혁방안	정치ㆍ행정 구분	내부시장, 시장적 유인	협의, 협상	실험	기업가적 정부
평가기준 (공익의 기준)	안정성, 평등	저비용	참여, 협의	저비용, 조정	창의성ㆍ 행동주의

Theme 17 행정학의 접근방법

행태적 접근 (사이먼)	• 행정연구에 과학주의를 도입, 이론과 법칙을 정립 • 개인의 표출된 행태, 방법론적 개체주의, 협동연구, 과학적ㆍ계량적 연구방법론의 강조, 가치와 사실을 구분, 사실에 대한 과학적 연구, 가치중립적 입장, 논리실증주의 신봉
생태론적 접근 (가우스, 리그스)	• 환경이 행정 체제에 영향을 미친다는 시각(환경 결정론적 입장) • 집단을 분석단위로 함
체제론적 접근	• 환경을 포함한 거시적인 접근방법, 항상성 • 구체적인 운영이나 행태적인 측면을 다루지 못한다는 비판
현상학적 접근	• 실증주의와 행태주의적 연구방법에 반대 • 관심 분야는 의도된 행위
포스트 모더니즘 (파머)	• 과학주의와 기술주의의 한계와 부작용을 비판, 거시이론ㆍ거시정치 등을 부정 • **상상**: 상상이 과학적 합리성보다 더 중요 • **해체**: '행정은 객관적으로 연구될 수 있다'는 설화를 해체 • **영역해체**: 탈영역화 • **타자성**: 도덕적인 타자로 인정
논변적 접근법	진정한 가치는 각자 자신들의 주장에 대한 논리성을 점검하고 상호 타협과 합의를 도출하는 민주적 절차

신제도론적 접근	역사적 제도주의	• 역사적으로 형성된 각국의 제도에 주목 • 방법론적 전체주의, 역사적 맥락, 장기간의 역사적 과정, 제도의 안정성 및 경로의존성, 정치체제가 개인의 선호를 형성하고 제약, 제도의 종단면적 측면 중시(특수성 강조), 역사적 우연성을 인정, 중범위 수준에서 분석
	사회학적 제도주의	• 제도의 개념을 넓게 해석하여 전통, 관습, 문화를 포괄 • 방법론적 전체주의, 배태성, 사회적 정당성·사회적 동형화, 횡단면적으로 국가 간 또는 조직 간 어떻게 유사한 제도를 가지는지에 관심(유사성 강조)
	합리적 선택 제도주의	방법론적 개인주의, 행위자의 선호는 선험적으로 주어진 것, 제도가 합리적 행위자의 이기적 행태를 제약

Theme 18 합리적 선택 이론

1 공공선택론

• 뷰캐넌(Buchanan), 니스카넨(Niskanen), 오스트롬(Ostrom) 등 경제학자
  ⊕ 합리적 선택이론 → 합리적 선택 제도주의(합리적 선택이론을 제도연구에 확장) → 공공선택론(합리적 선택 제도주의를 공공부문에 적용)
• 방법론적 개인주의, 정부관료제는 시민의 요구에 민감하게 반응할 수 없다고 비판하며 경쟁을 통한 서비스의 생산·공급을 강조, 비시장적인 영역(정치, 행정)에 대한 경제학적 연구
• 효용극대화 가정은 현실성이 떨어짐, 정부성과를 지나치게 시장적 가치로 환원하려는 경향

1-1 티부(Tiebout) 모형

• 발로 하는 투표, 분권화된 체제에서 효율적인 공공서비스가 제공됨(공공재는 중앙정부 차원에서 공급해야 한다는 사무엘슨의 주장에 반론).
• ㉠ 자유롭게 다른 지역으로 이동, ㉡ 완전한 정보, ㉢ 충분히 많은 이질적인 지방정부, ㉣ 외부효과 부존재, ㉤ 배당수입으로 생활, ㉥ 국가의 지원 없음, ㉦ 규모의 경제는 존재하지 않음, ㉧ 인구의 최적규모 추구, ㉨ 고정적 생산요소 존재

1-2 오츠(Oates)의 분권화 정리

• 중앙정부와 지방정부의 공공재 공급 비용은 동일, 공공재의 지역 간 외부효과는 없음.
• 지역주민의 수요를 정확히 파악할 수 있는 지방정부가 공급하는 것이 더 효율적(지방정부가 해당 지역에서 파레토 효율적 수준으로 공공재를 공급)

1-3 애로우(K. J. Arrow)가 제시한 바람직한 집합적 의사결정의 기본조건

각 개인의 이행적 선호, 개인적 선호의 합과 사회적 선택은 동일, 제3의 대안으로부터 개개인의 선호 순위가 영향을 받지 않음, 특정한 선호를 강요할 수 있는 독재적 권력은 존재하지 않음, 개인은 어떠한 선호체계도 가질 수 있음.

⊕ 집합적 의사결정이 민주적이면서 동시에 합리적인 것은 불가능(불가능성 정리)

1-4 니스카넨(Niskanen)의 예산극대화모형

정치가는 최적의 서비스 공급수준인 한계편익과 한계비용이 일치하는 수준에서 결정, 관료는 총편익과 총비용이 교차하는 점에서 공공서비스를 공급

1-5 던리비(Dunleavy)의 관청형성모형

고위 관료는 전체 예산액 중 일부분에만 관심, 예산극대화모형과 같이 관료들은 자신의 이익과 효용을 추구하는 인간으로 가정

1-6 뷰캐넌과 털럭(Buchanan & Tullock)의 적정참여자 수 모형

정책결정에 참여자 수가 많으면 내부비용이 증가하고, 참여자 수가 적으면 다양한 이해관계자의 이익을 반영하지 못하므로 외부비용이 증가함. 따라서 의사결정의 내부비용과 외부비용의 합인 총비용이 최소가 되는 적정참여자 수가 중요함.

1-7 다운스와 호텔링(Downs & Hotelling)의 중위투표자의 정리

양당제 하에서는 두 정당이 과반수의 득표를 얻기 위해 극단적인 정책을 추구하기보다는 중위투표자의 선호에 맞는 정책을 추구함.

2 대리인 이론(주인 – 대리인 이론)

의미	정보 비대칭으로 인해 기준 미달인 대리인 선택(역선택), 대리인 본인의 이해관계로 주인의 이해관계에 반하는 행동(도덕적 해이) 등 대리손실을 설명
특징	• 역선택(adverse selection): 주인이 대리인의 업무처리 능력과 지식을 충분히 알지 못해 기준 미달의 대리인을 선택 • 도덕적 해이(moral hazard): 주인의 이익보다는 대리인 자신의 이익을 추구하는 현상
효율성의 제약	• 인간의 인지적 한계와 정보 부족 등으로 인한 합리성 제약 • 정보의 비대칭 혹은 정보 불균형 • 대리인의 기회주의적 행동 성향 • 자산특정성(조직이 투자한 자산이 고정적 · 특정적이라서 조직 내의 여러 관계나 외부관계자들과 고착) • 소수독점(대리인 관계를 설정할 수 있는 잠재적 당사자 수가 적으면 불리한 선택의 가능성이 높아짐.)
통제방안	• 정보의 비대칭 완화: 주민참여, 정보공개제도, 공청회, 내부고발자 보호 등 • 대리비용 절감: 유인기제, 관료적 통제, 시장적 통제, 규범과 신념의 내재화 등
비판	이기적인 인간관에 대한 가정과 비경제적 요인에 대한 고려를 소홀히 함.

3 윌리엄슨(Williamson)의 거래비용 이론

- 조직경제학적 접근법으로 조직을 거래비용을 감소하기 위한 장치로 봄.
- **거래비용**: 탐색비용, 협상 및 커뮤니케이션 비용, 계약의 준수를 감시하는 비용 등
- 조직 내부조정비용이 시장에서의 거래비용보다 작다는 관점, 계층제가 정보밀집 문제를 극복

Theme 19　정보화 사회

1 긍정적인 측면과 부정적인 측면

긍정적인 측면	부정적인 측면
• 전자민주주의는 정치의 투명성 확보 • 모자이크 민주주의(참여를 통한 조화), 원스톱 · 논스톱 서비스, 문서 없는 정부	전자전제주의, 정보 격차, 프라이버시 침해, 전자 파놉티콘, 집단극화, 인포데믹스, 선택적 정보접촉, 정보의 그레셤

2 정보 격차

정보통신기술에 대한 접근 기회와 다양한 활동을 위한 인터넷 이용에서의 차이

Theme 20   지식관리

의미	조직 구성원의 지식을 발굴하여 조직의 보편적인 지식으로 공유·활용하여 조직의 경쟁력을 향상시키는 관리기법
특징	• 공유를 통한 지식가치의 향상 및 확대, 구성원의 전문가적 자질 향상, 지식관리는 계층제적 조직보다 학습조직을 기반, 정보재의 생산자는 자신의 소유권을 명확히 하기 어려움, 연성조직의 강화, 의사소통의 활성화, 인적자본의 강화, 암묵적 지식을 명시적 지식으로 전환하여 조직의 지식 증폭이 중요 • 암묵적 지식(tacit knowledge) : 조직의 경험, 숙련된 기능, 개인적 노하우 등 • 명시적 지식(explicit knowledge) : 업무매뉴얼, 컴퓨터 프로그램, 정부보고서 등

Theme 21   전자정부

1 전자정부의 의미

민주성과 효율성 모두 추구, 맞춤형 서비스 추구, 행정농도가 낮아짐, 클라우드 컴퓨팅, 하나의 창구에서 민원처리 등

전자정부 기본계획(전자정부법 제5조)	지능정보사회 종합계획(지능정보화 기본법)
중앙사무관장기관의 장이 5년마다 수립	과학기술정보통신부장관이 관계 중앙행정기관의 장 등의 의견을 들어 3년 단위로 수립

2 전자정부의 효율성 모델 vs 민주성 모델

효율성 모델(협의적 해석)	민주성 모델(광의적 해석)
기술결정론, 편의의 극대화와 정책의 투명화·전문화 과정 등을 통한 정부 내부의 생산성 제고, 행정전산망을 확충하거나 행정민원의 해결을 강조	사회결정론, 행정과정상의 민주성 증진에 초점, 전자 민주주의와의 연계를 중시

3 온라인 시민의 참여

• 미국의 'challenge. gov' 프로그램은 시민을 협력자로 간주하고 시민들의 정책참여를 촉진
• 우리나라는 국민신문고를 통해 국민의 고충 민원과 제안을 원스톱으로 접수 및 처리
• 전자 거버넌스의 진화 : 전자정보화 → 전자자문 → 전자결정

4 전자적 행정서비스(거래비용 감소)

G2C(Government to Citizen)	국민신문고, 정부24, 복지로, 홈텍스 등
G2B(Government to Business)	나라장터, 전자통관시스템 등
G2G(Government to Government)	온-나라시스템, 디지털예산회계시스템

5 용어의 정의(전자정부법 제2조)

- **행정기관** : 국회·법원·헌법재판소·중앙선거관리위원회의 행정사무를 처리하는 기관, 중앙행정기관(대통령 소속 기관과 국무총리 소속 기관을 포함한다.) 및 그 소속 기관, 지방자치단체
- **공공기관** : 「공공기관의 운영에 관한 법률」 제4조에 따른 법인·단체 또는 기관, 「지방공기업법」에 따른 지방공사 및 지방공단, 특별법에 따라 설립된 특수법인, 「초·중등교육법」, 「고등교육법」 및 그 밖의 다른 법률에 따라 설치된 각급 학교
- **중앙사무관장기관** : 국회 소속 기관에 대하여는 국회사무처, 법원 소속 기관에 대하여는 법원행정처, 헌법재판소 소속 기관에 대하여는 헌법재판소사무처, 중앙선거관리위원회 소속 기관에 대하여는 중앙선거관리위원회사무처, 중앙행정기관 및 그 소속 기관과 지방자치단체에 대하여는 행정안전부
- **행정전자서명** : 전자문서를 작성한 다음 직접 업무를 담당하는 사람의 신원과 전자문서의 변경 여부를 확인할 수 있는 정보로서 그 문서에 고유한 것을 말함.
- **정보기술아키텍처** : 일정한 기준과 절차에 따라 업무, 응용, 데이터, 기술, 보안 등 조직 전체의 구성요소들을 통합적으로 분석한 뒤 이들 간의 관계를 구조적으로 정리한 체제 및 이를 바탕으로 정보화 등을 통하여 구성요소들을 최적화하기 위한 방법
- **정보시스템** : 정보의 수집·가공·저장·검색·송신·수신 및 그 활용과 관련되는 기기와 소프트웨어의 조직화된 체계

6 전자정부법 기타 사항

- 행정안전부장관은 행정정보 공동이용을 승인할 수 있지만 비공개대상정보 등에 대해서는 승인할 수 없음.
- 전자정부의 발전과 촉진을 위해 전자정부의 날을 정하고 있음(매년 6월 24일).

Theme 22) 정보화 관련 기타 주제

4차 산업혁명	IOT, 인공지능, 빅데이터
빅데이터	• 3V : 크기(Volume), 속도(Velocity), 다양성(Variety) • 문자, 사진, 영상 등 다양한 형태의 비정형적 데이터 및 정형적 데이터 포함, SNS 확대, 센서 장비 발달로 데이터 증가 ⊕ 개인정보 보호 장치가 제도적으로 선행될 필요가 있음.
유비쿼터스 전자정부	Any-time, Any-where, Any-device, Any-network, Any-service 환경에서 실현되는 정부
스마트워크	시간과 장소의 제약없이 업무를 수행하는 유연한 근무형태로 우리나라의 경우 정부서울청사 등에 스마트워크센터를 설치·운영하고 있음.
데이터 3법 개정	• 개인정보 보호법, 정보통신망법, 신용정보법 • 국무총리 소속의 개인정보보호위원회로 일원화 • 가명정보 : 통계작성, 연구, 공익적 기록보존 등을 위해 신용정보 주체의 동의 없이도 이용·제공할 수 있음.
클라우딩 컴퓨팅	정보의 공유, 개방을 통한 협업 가능성과 업무효율성 제고
사물 인터넷(IOT)	교통정보, 스마트 그리드, 자율주행 시내교통, 스마트홈 등
인공지능	AI에 의한 판단 및 의사결정, 챗봇 등에 의한 민원상담 등
5G	초고속, 초저지연, 초연결

Theme 23) 행정책임

1 책임의 종류

제도적 책임성	절차에 대한 책임을 강조하고, 판단기준과 절차의 객관화, 절차의 중시 등
자율적·도의적 책임성	전문가로서의 직업윤리와 책임감에 기초해서 적극적·자발적 재량을 발휘하여 확보되는 책임
대응적 책임	시민에 대한 반응, 응답 등

2 파이너와 프레드리히(파·외, 프·내)

파이너(H. Finer)의 고전적 행정책임	프레드리히(C. J. Friedrich)
고전적 입장에서 외재적 책임 강조	현대적 입장에서 내재적 책임 강조

3 **두브닉과 롬젝** : 외부통제에서 내부통제로, 높은 통제에서 낮은 통제로 변화

구분		통제의 원천	
		내부	외부
통제의 강도	높음	계층적 책임	법적 책임
	낮음	전문가적 책임	정치적 책임

Theme 24 행정통제

1 **행정통제** : 행정국가로 이행하면서 행정의 전문화로 외부통제보다 내부통제가 더 중시됨.

2 **길버트의 행정통제 유형**

제도화 \ 행정부	외부	내부
공식	입법부 국정조사, 의회 옴부즈만 등 사법부 • 사후적 · 소극적, 합법성 강조 • 법원의 행정명령 위반여부 심사 • 헌법재판소의 권한쟁의 심판 등	청와대, 감사원의 직무감찰, 국민권익위원회, 정부업무평가(중앙행정기관장의 당해 기관에 대한 자체 평가, 국무총리실의 중앙행정기관에 대한 기관평가 등), 계층제 및 인사관리제도, 명령체계, 교차기능조직(행정안전부의 조직과 정원 통제, 기획재정부의 예산 통제 등)
비공식	시민단체(환경운동연합의 정부정책에 대한 반대 등), 정당, 이익집단 및 언론에 의한 통제(언론의 공무원 부패 보도 등)	직업윤리에 의한 통제, 동료집단의 평판

3 **행정통제의 과정** : 통제기준의 확인 → 정보 수집 → 과정평가, 효과평가 → 시정 조치

Theme 25 옴부즈만(ombudsman) 제도

의미	외부통제의 한계를 보완하기 위하여 1809년 스웨덴에서 처음으로 채택
특징	• 직무상 엄격히 독립되어 국정을 통제 • 행정행위 합법성뿐만 아니라 합목적성 여부도 다룰 수 있음. • 일반적으로 국민의 요구나 신청에 의해 활동을 개시 • 강제력이 없는 시정권고 · 의견표명 · 공표 · 보고 · 권유 · 설득을 사용 • 소추권은 인정하지 않는 것이 일반적 • 시민들의 접근이 용이하고 비용이 적게 듦.
국민권익위원회	• 1994년 출범한 국민고충처리위원회가 옴부즈만 제도의 시초 • 국민권익위원회는 '부패방지 및 국민권익위원회의 설치와 운영에 관한 법률'에 따라 설치된 국무총리 소속의 중앙행정기관 • 시정권고 또는 의견표명 • 위원장과 위원의 임기는 3년, 1차례 연임 가능 • 국민권익위원회에 중앙행정심판위원회를 두고, 국민권익위원회 부위원장 중 1명이 중앙행정심판위원회의 위원장

김재준 행정학
키워드 요약집

PART

02

정책

PART

02

정책

Theme 01 정책 개요

1 정책학의 발달

정책의 구성요소	정책목표, 정책수단, 정책대상, (정책결정자)
정책학의 시작	• 1951년 발표된 라스웰의 '정책지향'이라는 논문에서 시작하여, 행태주의에 밀려 있다가 1960년대 사회적 문제가 대두됨에 따라 본격적으로 발전 • 정책분석 분야에서는 처방적 논리나 기법으로 OR, 체제분석, 비용 − 효과분석 등이 2차 대전 후 급속히 발전
정책학의 특징	• 문제지향성 : 정책문제 해결이라는 실천적인 목표 • 맥락성 : 시간적 · 공간적 상황이나 역사성을 강조 • 범학문성 : 문제해결을 위해 다른 학문들의 이론 · 기법 활용 • 규범적 접근(가치판단)과 실증적 접근(사실판단)을 융합한 처방적 접근
정책과정에 관한 지식	정책과정에 대한 과학적 연구결과로 얻은 실증적 지식으로, 정책과정이 어떻게 전개되고 있는지를 사실판단에 근거하여 파악함.
정책과정에 필요한 지식	• 처방적 · 규범적 지식 : 정책과정 자체를 바람직하게 하는 데 기여하는 지식 • 실질적 내용에 대한 지식 : 정책의 실질적 내용을 뒷받침하는 지식으로 예컨대 경제정책의 경제학적 지식

2 살라몬의 정책수단 분류(직접성, 강제성, 자동성, 가시성)

직접성 정도에 따른 분류		강제성 정도에 따른 분류	
직접성 정도	종류	강제성 정도	종류
낮음	손해책임법 보조금 대출보증 정부출자기업 바우처	낮음	손해책임법 정보 제공 조세지출
중간	조세지출 계약 사회적 규제 벌금	중간	바우처 보험 보조금 공기업 대출보증 직접 대출 계약 벌금
높음	보험 직접 대출 경제적 규제 정보 제공 공기업 정부 소비	높음	경제적 규제 사회적 규제

3 정책과정의 주요 단계 : 정책의제 설정 → 정책분석 → 정책결정 → 정책집행 → 정책평가

4 정책과정의 참여자

공식적 참여자	비공식적 참여자
행정부(신속한 대응, 위임입법 등), 입법부(국정조사, 예산 심의 등), 사법부(판결, 위헌심사 등), 지방자치단체(단체장, 지방의회)	정당(이익 결집), 이익집단, 전문가집단, 시민단체, 언론 등

5 정책결정요인론

의미	사회·경제적 변수(환경)와 정치적 변수(정치체제)의 정책에 대한 영향을 연구
경제학자의 환경연구	• 페브리컨트 : 1인당 소득이 지출과 가장 큰 상관관계를 가지고 있음을 발견 • 브레이저 : 인구밀도, 가구소득과 타 정부기관으로부터의 보조가 지출에 영향
정치학자의 환경연구	• 키 : 대단위 농장 → 정당 간 경쟁을 제한 → 복지지출 감소 • 로커트 : 경제발전 → 정당 간 경쟁을 심화 → 복지지출 증가 • 도슨 – 로빈슨 : 사회경제적 변수 → (정치체제, 정책) 🔍 정치체제는 매개변수 역할도 못 함. • 루이스–벡 : 사회경제적 변수가 정책에 우월적이고 직접적인 효과가 있지만, 정치체제도 정책에 독립적 영향을 줌.
비판	계량화가 힘든 정치적 변수를 무시하고, 선정한 정치적 변수 외에 더 중요한 정치적 변수도 많다는 점 등

Theme 02 정책유형의 분류

1 로위(T. J. Lowi)의 정책유형 분류(로! 분배·구성·규재·재분배) : 다원주의와 엘리트주의를 통합

강제력의 행사방법 ＼ 강제력의 적용대상	개별적 행위	행위의 환경
간접적	**분배정책** • 로그롤링(협력), 포크배럴(경쟁) • 사회간접시설, 국고보조금, 국·공립학교를 통한 교육서비스의 제공, 수출특혜금융, 주택자금의 대출, 택지분양, 연구개발 특구 지원 등	**구성정책** 선거구 조정, 정부의 새로운 조직이나 기구의 설립, 공무원·군인의 보수 및 연금 등
직접적	**규제정책** • 피규제자(피해자)와 수혜자가 명백하게 구분, 갈등 수준이 상당히 높은 편 • 부실기업 구조조정, 최저임금제도, 독과점 규제, 공해배출업소 단속, 공공건물 금연, 탄소배출권거래제 등	**재분배정책** • 중앙정부 수준의 정책결정, 이념적 논쟁과 소득계층 간 갈등이 첨예하게 대립 • 저소득층을 위한 근로장려금, 누진세, 사회보장제도, 임대주택건설, 연방은행의 신용통제, 실업수당

2 **리플리와 프랭클린(Ripley & Franklin)의 정책유형 분류**(리! 분배·재분배·경쟁적 규제· 보호적 규제)

경쟁적 규제정책	보호적 규제정책
• 다수의 경쟁자 중 특정 개인이나 집단에게 서비스의 제공권을 부여하고 이들의 활동을 규제하는 정책으로 배분정책적 성격과 규제정책적 성격을 동시에 가지고 있음. • 항공노선 취항권의 부여, 종합편성 채널의 운영권 부여 등	• 소수자나 사회적 약자, 일반대중을 보호하기 위한 정책으로, 대부분의 규제정책은 보호적 규제정책에 해당함. • 작업장 안전을 위한 기업 규제, 국민건강보호를 위한 식품위생 규제, 환경 오염방지, 최저임금제, 독과점 규제, 개발제한구역 설정 등

3 **알몬드와 파웰(Almond & Powell)의 분류**(알! 상징·추출·분배·규제)

상징정책	추출정책
정부에 대한 인식을 좋게 하는 정책으로 한글의 날 공휴일 지정, 광화문 복원, 월드컵 개최 등	일반 국민에게 인적·물적 자원을 부담시키는 정책으로 조세, 부담금, 징병 등

Theme 03 정책참여자들 간의 관계

1 **엘리트론**

의미	정책은 응집력이 강한 엘리트들에 의해서 주도
고전적 엘리트론	미헬스(Michels), 모스카(Mosca), 파레토(Pareto)
1950년대 미국의 엘리트론	• 밀즈(Mills)의 지위접근법: 권력은 기업체, 군, 정치 세 영역에서의 주요 지위에 있음. • 헌터(Hunter)의 명성접근법: 지역사회(애틀란타시)의 권력구조를 실증적으로 연구, 소수의 기업엘리트가 정책을 주도
신엘리트이론	• 무의사결정이론(Non-decision Making) • 바흐라흐와 바라츠(P. Bachrach & M. S. Baratz): 정치권력은 두 가지 얼굴이 있다고 주장하며, 이 가운데 하나의 측면만을 고려하는 다원주의를 비판

2 다원주의론

의미	정책은 많은 이익집단의 경쟁과 타협의 산물
특징	• 달(R. Dahl)은 뉴 헤이븐(New Haven)시를 대상으로 한 연구에서 정책결정을 담당하는 엘리트가 분야별로 다른 행태를 보인다고 설명 • 이익집단 간의 경쟁은 정치체제 유지에 순기능, 이익집단 간의 영향력(구성원의 수, 재정력, 리더십, 응집력 등) 차이 인정, 권력은 대중의 요구에 민감하게 반응, 정부의 이해관계와 영향력을 간과하고 있다는 비판 • 트루먼(Truman)은 이익집단들의 요구가 국민들의 진정한 요구라고 함.

3 하위정부모형(철의 삼각)

의미	선출직 의원, 정부관료, 이익집단이 특정정책의 결정을 지배
특징	정책결정이 참여자들 사이의 협상과 합의에 의해 이루어짐, 폐쇄적 관계를 강조

4 조합주의

의미	정책결정에서 정부의 보다 적극적인 역할을 인정
특징	• 이익집단은 단일적·위계적인 이익대표체계를 형성, 정부는 사회적 공동선을 달성하기 위해 중요 이익집단과 우호적 협력관계를 유지 • 사회조합주의: 이익집단의 자율적 결성과 능동적 참여 • 국가조합주의: 국가가 주도하며 이익집단은 국가에 의존

5 정책네트워크 모형

의미	로즈(Rhodes) 등을 중심으로 네트워크 분석을 정책과정 연구에 적용, 하위정부모형이나 헤클로(Heclo)의 이슈네트워크모형이 기원
특징	행위자들 간의 관계를 중시하며, 행위자들 간의 관계 형성 동기는 소유 자원의 상호의존성

구분	이슈네트워크	정책공동체
참여자의 범위	광범위, 개방적	제한적, 폐쇄적
참여자의 권한·자원	일부만 권한·자원을 소유한 배타적 관계	모든 사람이 자원·권한을 가진 교환적 관계
행위자 간 관계	경쟁적·갈등적·영합게임 (negative-sum game)	의존적·협력적·정합게임 (positive-sum game)

6 기타 이론

신마르크스주의	국가는 자본가계급이 노동자계급을 착취하기 위한 도구이고, 정책의 실질적인 결정권은 자본가 계급에 있음.
신베버주의	국가를 법과 합리성을 정당성의 근거로 수립된 관료제를 중심으로 이해하고, 국가권력을 합리적으로 행사하는 주체로 파악

Theme 04 정책의제설정

1 개요

정의	정부의 정책에 의해 해결되기 위해 하나의 의제로 채택되는 과정으로 정치성, 주관성, 동태성 등의 성격을 가짐.
정책의제로 채택될 가능성이 높은 경우	문제가 사회적 유의성(중요성)이 높을수록, 정책문제의 해결이 상대적으로 쉬울수록, 정책 이해관계자의 조직화 정도가 높을수록, 정책문제가 단순할수록, 극적인 사건이나 위기 등이 발생, 선례가 있는 정책문제
정책의제 설정 과정 (사·사·공·정)	• **사**회문제(social problem) : 많은 사람들의 문제로 인식된 상태 • **사**회적 이슈(social issue) : 다수의 집단들로 하여금 논쟁을 야기 • **공**중의제(public agenda) = 체제의제(systemic agenda) : 정부가 개입하여 문제를 해결하여야 한다고 인정되지만, 정부가 문제 해결을 고려하기로 공식적으로 밝히지 않은 상태 • **정**부의제(governmental agenda) = 제도의제(institutional agenda) = 공식의제(official agenda) 등 : 정부의제로 선별되는 상태

2-1 콥 앤 로스(Cobb & Ross)의 정책의제설정과정

외부주도모형	• 사회문제 → 공중의제 → 정부의제 • 정부외부의 민간집단에 의해 이슈가 제기, 다원화된 정치체제에서 많이 나타남, 강요된 정책문제
동원모형	• 사회문제 → 정부의제 → 공중의제 • 정부 내 최고 통치자나 고위정책결정자가 주도하여 정책의제를 미리 결정한 후 이것을 일반대중을 이해·설득, 올림픽·월드컵 유치, 새마을 운동
내부접근형 (음모형)	• 사회문제 → 정부의제 • 정부기관 내부의 집단 혹은 정책결정자와 빈번히 접촉하는 집단에 의해 정책의제화가 진행되는 형태, 국민을 무시하는 정부

2-2 메이(P. May)의 정책의제설정과정(외·내·공·동)

주도자 \ 대중의 관여 정도	높음	낮음
민간	**외**부주도형	**내**부주도형
정부	**공**고화(굳히기)형	**동**원형

⊕ 공고화(굳히기)형 : 대중의 지지가 높은 정책문제에 대하여 정부가 그 과정을 주도하여 해결을 시도하는 형태

3 정책의제설정모형

다원주의론	이익집단들이나 일반 대중이 정책의제설정에 상당한 영향력을 행사
엘리트론	엘리트가 허용하는 문제만이 의제로 설정
무의사결정론	대중에 대한 억압과 통제를 통해 엘리트들에게 유리한 이슈만 정책의제로 설정
정책선도자	정책선도자란 정책아이디어를 개발하여 정책의제로 만드는 사람
사이먼의 의사결정론	정책결정자의 집중력은 한계가 있어 일부의 사회문제만이 정책의제로 선정
체제이론	고위관료 등 문지기(gate-keeper)가 선호하는 문제가 정책의제로 채택
킹던의 정책의 창모형 (3P + **점화장치**)	쓰레기통모형을 적용·발전시킨 모형으로 ㉠ 문제의 흐름(problem stream), ㉡ 정책대안의 흐름(policy stream), ㉢ 정치의 흐름(political stream)이 독자적으로 흐르다가 어떤 계기(**점화장치** : 갑작스러운 사고 또는 정권교체 등)로 결합함으로써 새로운 정책의제로 형성된다고 설명
동형화모형	정부 간 정책전이(policy transfer)가 모방, 규범, 강압을 통해 이루어짐.
포자모형	일반국민들이 해당 사회문제나 이슈에 강한 관심을 보일 때 이슈가 정책의제로 발전한다는 모형으로, 정책문제가 정의되는 환경의 중요성에 주목
이슈관심주기 모형	사회문제가 관심을 끌다가 사라지는 경향이 주기가 있다는 데 초점
혁신확산이론	• 혁신의 초기수용자는 그 사회에서 여론선도자일 가능성이 높음. • 선진산업국가로부터 저개발지역으로 확산되는 것 등을 계층적 확산, 이웃지역으로부터의 모방 등을 공간적 확산이라 함. • 혁신수용시간에 따른 수용자의 분포는 정규분포, 이들 수용자의 누적도수는 S자 형태

슈나이더와 잉그램의 사회적 구성론: 정책대상집단이 의제설정에서 지배적 권한을 행사하는지 그 이유를 분석하는 데 유용

구분		사회적 형상(이미지)	
		긍정적	부정적
정치적 권력	높음	수혜집단 (노인, 기업, 퇴역 군인, 과학자)	주장집단 (부유층, 거대노동조합, 소수집단, 문화 상류층)
	낮음	의존집단 (아동, 부녀자, 장애인)	이탈집단 (범죄자, 약물중독자, 공산주의자 등)

Theme 05 | 정책분석(PA : Policy Analysis)

1 정책문제

정책문제	복잡하며 상호의존적, 역사적 산물, 주관적·당위적 입장에서 정의, 정책수혜집단과 정책비용집단이 있다는 것을 의미하는 차별적 이해성
정책문제의 구조화	• 던(Dunn)은 정책문제를 구조화가 잘 된 문제, 어느 정도 구조화된 문제, 구조화가 잘 안 된 문제로 분류 • 문제의 감지, 문제의 탐색, 문제의 정의, 문제의 구체화로 구성
정책문제의 구조화기법	• 경계분석 : 문제의 범위 설정, 포화표본추출 • 가정분석 : 구조화되지 않은 가설들을 통합하기 위해 이전의 정책부터 분석 • 계층분석 : 불확실한 원인으로부터 차츰 확실한 원인을 차례로 확인 • 분류분석 : 추상적인 정책문제를 구체적인 요소들로 구분 • 유추분석 : 유사한 문제와 비교·유추를 통해 특정 문제를 명확하게 정의

2-1 정책대안의 탐색과 미래예측(주관적·질적 예측기법)

델파이	• 미국 랜드 연구소의 연구진에 의해 개발, 구조화된 설문을 반복하여 특정 주제에 대한 합의를 도출 • 집단사고의 방지, 통제된 환류와 응답의 통계 처리, 익명성이 보장, 상호 토론 없음.
정책델파이	식견있는 다수의 참여, 구조화된 갈등 유도, 양극화된 통계 처리, 선택적 익명
브레인스토밍	구성원들이 아이디어와 문제해결 대안들을 자유롭게 토론하는 방법
명목집단기법	문제해결에 참여하는 개인들이 개별적으로 해결방안을 구상
지명반론자기법	반론을 제기하는 집단을 지정
변증법적 토론	두 집단으로 나누어 토론
교차영향분석	연관 사건의 발생 여부에 따라 대상사건이 발생할 가능성을 주관적으로 판단

2-2 정책대안의 탐색과 미래예측(양적 예측기법) : 시계열자료, 추세연장기법 등

3 불확실성의 극복

적극적 방법 (불확실성에 확실하게 대응)	소극적 방법 (불확실한 것을 주어진 것으로 보고 대응)
정보와 지식 수집, 시간을 끌면서 시행착오를 거침, 정책실험·정책델파이·집단토론 실시	보수적 결정, 가외성 장치 준비, 민감도 분석, 악조건 가중분석

4-1 나카무라(R. Nakamura)와 스몰우드(F. Smallwood)의 정책대안의 평가기준

소망스러움	실현가능성
정책대안을 바람직한 것으로 인식하는 정도로 형평성, 노력, 능률성, 효과성 등	정치적, 법적, 경제적 실현가능성

4-2 정책대안의 평가

파레토 최적	어느 한 사람에게도 손실을 끼치지 않고는 다른 사람들을 더 좋게 만들 수 없는 상황
칼도-힉스 기준	어떠한 변화가 사회 전체적으로 손실보다 이익을 많이 가져올 경우 바람직한 것으로 보며, 파레토 최적과 마찬가지로 형평성을 평가하지 못함.
비용편익분석 (능률성 평가)	• 정책대안이 가져오는 모든 비용과 편익을 현재가치로 산정한 화폐단위로 환산하여 비교·평가하는 기법으로, 단일 및 여러 분야 프로그램 비교 가능 • 비용과 편익의 가치를 현재가치로 환산하는 데 할인율을 적용 • '순현재가치(편익의 현재가치 − 비용의 현재가치) > 0'일 경우 경제성 있음. • 내부수익률 : 순현재가치를 영으로 만드는 할인율로, 시중금리보다 높아야 투자할 가치 있음.
비용효과분석	• 산출물을 금전적 가치로 환산하기 어려워 산출물이 동일한 사업을 평가 • 효과가 총비용을 초과하는지 알 수 없고, 국방·치안·보건 등의 영역에 적용
계층화분석법	사티(Saaty), 구성요소들을 둘씩 짝을 지어 비교(대안 간의 쌍대 비교)
민감도 분석	파라미터의 변화에 따라 대안의 결과가 어떻게 반응하는지를 분석

Theme 06 정책결정 : 개인적 차원의 정책결정모형

합리모형	• 의사결정자는 경제인이고(경제적 합리성) 목표의 달성을 극대화할 수 있는 최선의 대안이 결정된다는 관점으로 규범적·이상적 모형 • 현실의 문제를 근본적으로 해결, 혁신적인 정책대안 발굴에 도움, 지나치게 많은 분석 시간과 노력이 요구 • 합리모형의 가정 : (문제상황, 대안의 우선순위, 비용과 편익, 목표)의 명확성
만족모형 (사이먼)	의사결정자는 합리성을 제약받는 행정인으로, 만족할 만한 대안의 선택에 그친다고 봄. 무작위적이고 순차적으로 몇 개의 대안만을 탐색
점증모형 (린드블롬& 윌다브스키)	• 정책결정은 현존하는 정책에서 조금씩 수정·보완하는 방법으로 이루어진다는 관점으로 합리모형의 현실적 한계를 비판하면서 등장 • 정책은 타협과 조정의 산물(정치적 합리성), 현실적이고 기술적인 모형 • 보수적이라는 비판, 기존 정책이 잘못된 것이면 악순환, 혁신을 저해, 비가분적 정책결정에 적용하기 어려움.

혼합탐사모형 (에치오니)	• 정책결정은 근본적인 결정과 세부적인 결정의 지속적인 상호작용으로, 거시적이고 장기적인 안목에서 대안의 방향성을 탐색(범사회적 지도체제) • 합리모형의 이상주의적 단점과 점증모형의 보수성이라는 약점을 극복

구분	고려한 대안	예측한 대안의 결과
근본적 결정	중요한 대안을 포괄적으로 모두 고려(포괄적 합리모형)	중요한 결과만 개괄적 예측
세부적 결정	근본적 결정의 범위 안에서 소수의 대안만 고려	결과의 세밀한 분석 (포괄적 합리모형)

최적모형 (드로어)	• 정책결정자의 합리성뿐만 아니라 지관·판단·통찰 등(초합리성)도 정책결정의 중요한 요인으로 봄. 즉 이상주의와 현실주의의 절충, 양적 분석과 함께 질적 분석도 중요함. • 정책결정과정은 초정책결정단계, 정책결정단계, 후결정단계로 구분

🔍 의사결정의 휴리스틱스 오류 : 사례의 연상가능성으로 인한 오류, 허위상관으로 인한 오류, 고착화와 조정으로 인한 오류, 상상의 용이성으로 인한 오류

Theme 07 정책결정: 집단적 차원의 정책결정모형

1 정책결정모형

엘리슨 모형	• 국제정치적 사건에 대응하는 정책결정을 설명하기 위한 모형으로, 세 가지 모형(**합·조·관**)이 동시에 적용 가능 • **합**리모형(모형 1): 정책결정은 단일행위자의 합리적 선택이라고 간주, 구성원 간의 응집성과 목표 공유도가 높음. • **조**직과정모형(모형 2): 조직은 반독립적 하위조직이 느슨하게 연결된 집합체, 조직의 하위계층에 적용, 정책결정은 준해결상태, 표준운영절차 • **관**료정치모형(모형 3): 정책결정의 행위주체는 독자성이 강한 다수 행위자들의 집합으로, 정책결정은 이들 간의 정치적 경쟁, 협상, 타협에 의한 정치적 결과, 구성원들 간의 목표 공유 정도와 정책결정의 일관성이 낮음.
쓰레기통 모형 (코헨, 마치&올슨)	• 조직화된 무정부 상태에서 의사결정 • 합리성을 제약하는 요인: 문제성 있는 선호, 불명확한 기술, 수시적 참여자 • **문**제, **해**결책, **참**여자, **선**택기회가 독자적으로 흘러 다니다가 우연히 발생하는 **점화계기**(대형참사, 정권교체 등)로 결정이 이루어짐(**문·해·참·선 + 점화계기**). • 의사결정방식: 진빼기(choice by flight) 결정, 날치기 통과(choice by oversight)
사이버네틱스 모형 (스타인부르너)	• 자동온도조절장치와 같은 프로그램된 매커니즘에 따라 의사결정 • 특징: 불확실성 통제(한정된 변수에만 집중하여 불확실성 통제), 적응적 의사결정(시간의 흐름에 따라 환류되는 정보를 분석하여 수정·보완), 집합적 의사결정(조직의 의사결정은 하위조직들에게 할당되고 하위조직들은 표준운영절차에 따라 문제를 해결)
회사(연합)모형 (사이어트&마치)	• 조직은 서로 다른 목표를 지닌 하위조직들이 느슨하게 연결된 연합체 • 갈등의 준해결: 서로 나쁘지 않을 정도로의 수준에서 타협 • 문제 중심의 탐색: 특별히 관심을 끄는 부분에 대해서만 고려 • 표준운영절차(SOP)의 활용: 가장 효율적이라고 판단되는 정책결정절차와 방식을 마련 • 조직의 학습: 시간의 흐름에 따라 결정수준이 개선 • 불확실성의 회피: 환경에 단기적으로 대응하거나, 불확실한 환경을 회피

2 기타 논의사항

하이예스의 정책결정 상황	수단적 지식 ＼ 목표	목표 갈등	목표 합의
	수단적 지식 갈등	I	II
	수단적 지식 합의	III	IV

하이예스의 정책결정 상황

• **상황 I** : 점증주의적 결정이 불가피하며, 점증적이지 않는 대안은 입법과정에서 제외
• **상황 II** : 사이버네틱스(cybernetics) 모형에 따라 정책결정(시행착오적 학습)
• **상황 III** : 목표에 대한 합의가 우선
• **상황 IV** : 합리모형에 의한 의사결정이 이루어지므로 비교적 기술적이고 행정적인 문제가 포함되어 큰 변화가 일어날 수 있음.

딜레마 이론

• 기존의 정책결정 이론은 불확실성, 제한된 합리성, 복잡성, 모호성 등으로 정책결정의 어려움을 설명하였지만, 딜레마이론은 대안을 선택하기 곤란한 특수한 상황을 대상으로 함.
• 딜레마 상황이 갖는 논리적 구성요소 : ① 분절성(대안 간 절충불가), ② 상충성(하나의 대안만 선택), ③ 균등성(결과 가치가 균등), ④ 선택불가피성(대안을 반드시 선택)
• 딜레마 상황 대응
  ① 적극적 대응 : 정책문제의 재규정, 상충되는 대안의 동시 선택
  ② 소극적 대응 : 상황의 호도, 정책문제의 회피와 지연, 책임의 전가

재니스의 집단사고

• **집단사고(groupthink)** : 집단응집성과 합의에 대한 압력 등으로 인해 비판적인 사고가 억제되고 대안에 대한 찬성과 반대가 충분히 검토되지 못한 채 의사결정이 이루어져 잘못된 의사결정에 도달하게 되는 현상
• **특징** : 침묵을 합의로 간주하는 만장일치의 환상, 집단적 합의의 이의 제기에 대한 자기 검열, 집단에 대한 과대평가로 집단이 실패할리 없다는 환상
• **예방전략** : 외부 인사들의 재평가, 악역을 맡겨 다수 의견에 반대되는 의견을 강제로 개진, 의사결정 단위를 2개 이상으로 나눔.

기획과 전략기획

• **기획** : 안정적인 정치와 경제 등의 환경 속에서 그 유용성이 높고, 정책결정에 비해서 미래지향적이고 국가의 개입을 요구하는 통합성과 강제성이 강함, 하이에크는 기획을 '노예로의 길'로 표현하여 자유민주주의를 훼손한다고 보았으나, 파이너는 기획을 통해 국민의 복지와 자유를 증진시킬 수 있다고 하여 자유민주주의와 양립 가능하다고 보았음.
• **전략기획** : 환경을 고려하면서 조직의 미션과 비전을 달성하기 위한 우선순위가 높은 전략에 집중하고 우선순위가 낮은 전략은 버리는 취사선택의 과정
  🔍 전략기획 수립과정 : ① 미션과 비전의 확인 → ② 내·외 환경분석(SWOT) → ③ 전략적 이슈 결정 → ④ 전략형성 → ⑤ 보고서 작성 및 제출

정책학습

• 시행착오 등을 통해 더 나은 정책을 결정할 수 있는 방법을 얻는 것을 의미
• 버크랜드의 정책학습모형
  ① **수단적 정책학습** : 정책개입이나 집행설계의 실행가능성에 대한 학습으로, 언론 보도, 토론기록, 의회청문회 등을 분석
  ② **사회적 정책학습** : 정책에 대한 근본적인 접근방식과 정부조치의 적정성에 대한 여론의 인지구조의 변화
  ③ **정치적 정책학습** : 정책변화 지지자와 반대자가 새로운 정보에 순응하여 자신들의 전략과 전술을 바꿀 때 발생

Theme 08 정책집행

1 정책집행 개요

프레스맨, 윌다브스키	• 정책집행연구의 초기 학자들로서 집행을 정책결정과 분리하지 않고 연속적인 과정 으로 정의하고, 1973년 출간한 '집행론'에서 공동행동의 복잡성을 설명 • 오클랜드 경제개발 사업의 실패요인: 참여기관이 너무 많음, 주요 지위자들이 교체, 정책목표를 달성할 수 있는 수단이 부적절, 적절하지 않은 기관이 집행
고전적 vs 현대적	• 고전적 정책집행: 정치와 행정을 분리하여 정책집행은 정책목표의 달성이라고 보는 하향적 관점 • 현대적 정책집행: 정책집행은 정치적·동태적 과정으로 정책집행을 하면서 구체화 과정을 거치는데, 정책수단의 구체화는 상층부의 결정과 본질적으로 같음.
정책집행 순서	지침의 개발 → 자원확보 → 조직화 → 혜택과 제한의 전달 → 감시과정

2 정책집행의 하향식(Top-down) 접근방법

사바티어, 마즈매니언, 반미터, 반호른	• 상위계급이나 조직 또는 결정단계에서 집행으로 내려가는 방식으로, 엘모어의 전방향적 접 근과 유사 • 집행의 비정치적이고 기술적인 성격을 강조, 정책결정을 정책집행보다 선행하는 것이고 상 위의 기능으로 간주, 고위직(정책결정자)이 주도, 일선집행관료의 재량권을 축소하고 통제, 공식적인 목표가 중요한 변수, 다원화된 사회에서는 불가능한 경우가 많음.
	사바티어와와 마즈매니언이 효과적인 정책집행을 위해서 필요하다고 본 전제조건(전제조건은 정 책결정자에게 체크리스트 기능을 함.) ① 정책결정은 타당한 인과관계, ② 이해관계자로부터 지속적인 지지, ③ 법령은 업무의 내용과 지침을 상세히 제시, ④ 정책목표의 우선순위가 명확하고, 안정적, ⑤ 유능하고 헌신적인 관료

3 정책집행의 상향식(Bottom-up) 접근방법

엘모어, 홀, 립스키	• 집행에서 시작하여 상위계급이나 조직 또는 결정단계로 거슬러 올라가는 방식으로, 엘모어 의 후방향적 접근과 유사 • 분명하고 일관된 정책목표의 존재가능성을 부인, 정책이 일어나는 현장에 초점, 일선공무원 의 재량과 자율을 확대, 정책집행을 주도하는 집단이 없거나, 집행이 다양한 기관에 의해 주 도되는 경우를 설명 ◈ 일선관료제론(립스키) ┌───┐ • 문제성 있는 업무환경: 불충분한 자원, 권위에 대한 위협과 도전, 모호하게 대립되는 기대 • 적응 메커니즘: 단순화와 정형화로 대응, 고정관념이 메커니즘 형성에 큰 영향 　① 불충분한 자원 → 빠르게 결정, 간헐적 집행, 관심분야에 집중 　② 권위에 대한 위협과 도전 → 잠재적인 공격자를 사전에 정의, 권위를 유지하는 분위기 조성 　③ 모호하게 대립되는 기대 → 역할기대에 대한 재정의, 고객집단에 대한 재정의 └───┘

4 통합모형

정책지지 연합모형 (사바티어)	• 상향식 접근방법이 분석단위, 여기에 영향을 미치는 요인은 하향식 접근방법 • 정책집행을 10년 이상의 장기간으로 연장, 정책변동 차원에서 재조명 • 정책하위체계(공공 및 민간 행위자들로 구성, 신념체계, 지지연합), 정책학습(장기적이고 점진적인 정책변화를 촉진하는 원동력) • 신념체계 : 규범적 핵심(근본 가치로 변경 가능성이 매우 낮음), 정책핵심(쉽게 변하지는 않지만, 환경보전과 경제개발 간의 대립 같은 근본적인 정책핵심의 갈등은 사회경제적 상황에 따라 변화함), 부차적 측면(정책핵심의 집행)
적응적 집행 (버먼)	• 미시 집행 국면에서 발생하는 정책과 집행 조직 사이의 상호적응이 이루어질 때 성공적으로 실행 • 거시적 집행구조 : 프로그램을 어느 정도 구체화하는 것을 의미, ① 행정, ② 채택, ③ 미시적 집행, ④ 기술적 타당성 • 미시적 집행구조 : 일선집행기관의 집행 단계, ① 동원, ② 전달자의 집행, ③ 제도화 과정

5 나카무라 & 스몰우드(Nakamura & Smallwood)의 정책결정자와 정책집행자의 관계

◈ 정책결정자의 역할(고 · 지 · 협 · 재 · 관)

고전적 기술자형(구체적 목표, 구체적 수단) → **지**시적 위임형(구체적 목표, 대체적 방침) → **협**상형(목표 및 정책수단에 대한 협상) → **재**량적 실험형(추상적 목표) → **관료적 기업가형***(형식상 결정권 보유)

후버(Hoover) 국장

6 정책순응을 확보하기 위한 수단

• **도덕적 설득** : 정책에 순응하는 것이 윤리적 · 도덕적으로 옳은 것임을 인식시키기 위한 설득
• **유인** : 정책에 순응하는 것에 대한 혜택을 제공하는 방법, 자발적으로 순응하는 사람들의 명예나 체면을 손상시킬 수 있음.
• **처벌** : 정책에 순응하지 않을 경우 불이익을 부과하는 방법, 불응의 형태를 정확하게 점검 및 파악하기 어려운 경우가 많음.

7 시차이론

변화 시작의 시간적 전후관계나 동반관계, 변화과정의 시간적 장단관계를 사회현상 연구에 적용한 접근법으로, 실제로 실행되는 타이밍, 정책대상자들의 학습시간, 정책의 관련요인들 간 발생순서 등이 정책효과를 다르게 할 수 있다고 주장

Theme 09 정책평가

1 정책평가 개요

정책평가의 목적	목표가 얼마나 잘 충족되었는지 여부, 정책성공과 실패의 원인이 구체적으로 제시되었는지 여부, 정책성공을 위한 원칙 발견과 향상된 연구를 위한 토대 마련, 정책목표를 위해 사용된 수단과 하위 목표를 재확인, 정책결정과 집행에 필요한 정보 제공 및 정책과정의 책임성 확보
정책평가의 과정	정책목표 확인 → 정책평가 대상 및 기준의 확정 → 인과모형의 설정 → 자료 수집 및 분석 → 평가결과의 환류
정책평가의 종류	평가성 사정(예비적 평가), 형성평가(집행 도중에 이루어지는 평가), 총괄평가(정책이 종료된 후에 그 정책이 당초 의도했던 효과를 가져왔는지 여부를 판단, 주로 외부평가자에 의해 수행), 메타평가(평가자체를 대상)
논리모형 vs 목표모형	• 논리모형: 정책이 성과를 산출하기 위한 어떤 인과구조를 가지는지 설명 투입 (input) 인적·물적 자원 → 활동 (activity) 정부의 조치 → 산출 (output) 직접적인 산물 → 결과 (outcome) 실질적인 변화 → 영향 (impact) 궁극적인 변화 • 목표모형: 정책이 달성하려는 장기목표와 중·단기목표들을 잘 달성했는지에 관심

2 인과관계 성립요건과 제3의 변수

인과관계 성립요건	• 시간적 선행 관계: 정책수단의 실현이 정책목표의 달성에 선행 • 공동 변화: 정책수단의 변화 정도에 따라 정책목표의 달성 정도도 변해야 함. • 경쟁가설 배제: 다른 요인(제3의 변수)을 배제
제3의 변수	• 혼란변수: 상관관계가 있는 상태에서 인과관계를 과대 또는 과소 평가 • 허위변수: 전혀 상관관계가 없는데도 상관관계가 있는 것처럼 나타내는 변수 • 매개변수: 독립변수와 종속변수의 사이에서 독립변수의 결과인 동시에 종속변수의 원인 • 조절변수: 독립변수와 종속변수 간에 상호작용 효과를 나타나게 하는 변수 • 억제변수: 두 변수가 서로 상관관계가 있는데도 없는 것으로 나타나게 하는 변수

3 정책평가의 신뢰성과 타당성

신뢰성	동일한 측정도구를 반복하여 사용했을 때 동일한 결과를 얻을 확률
외적 타당성 (호·다·크·표)	• 의미: 특정한 상황에서 얻은 정책평가의 결과를 일반화할 수 있는 정도 • 외적 타당성 저해 요인 ① **호손효과**: 실험대상자들이 평소와는 다른 행동을 함으로써 발생 ② **다수적 처리**에 의한 간섭: 반복된 실험조작에 익숙해짐으로써 발생 ③ **크리밍효과**: 정책효과가 나타날 가능성이 높은 집단을 의도적으로 실험집단으로 선정 ④ **표본의 대표성 문제**: 선택된 집단의 대표성이 약함.
내적 타당성	• 의미: 관찰된 결과가 해당 정책에 기인한 것이라고 판단할 수 있는 정도(인과관계) • 내적 타당성 저해 요인 ① 시험(실험)요인: 정책 및 프로그램의 실시 전후 유사한 검사를 반복 ② 회귀요인: 극단적인 점수를 얻은 실험대상들이 시간이 흐름에 따라 덜 극단적인 상태로 표류하게 되는 경향 ③ 성숙효과: 시간의 경과 때문에 발생하는 조사대상 집단의 특성변화 ④ 역사요인: 외부환경에서 발생하여 사전 및 사후 측정값이 달라지게 만드는 사건 ⑤ 상실요인: 대상자 일부가 이탈하여 사전 및 사후 측정값이 달라지는 현상 ⑥ 측정수단요인: 측정기준이나 측정도구가 변하여 측정결과에 영향을 미치는 현상 ⑦ 선발요인: 실험집단과 통제집단을 구성할 때 두 집단에 서로 다른 개인들이 할당되면서 발생 ⑧ 오염: 통제집단도 정책의 효과를 누리는 현상

4 구성적 타당성: 이론적 구성요소들이 성공적으로 조작된 정도

5 통계적 결론의 타당성: 정책효과의 측정을 위해 충분히 정밀한 연구 설계가 이루어진 정도

≋ 가설검증의 오류

- • 1종 오류: 실제로 정책이나 프로그램의 효과가 발생하지 않음에도 효과가 나타나는 것으로 결론
- • 2종 오류: 실제로 정책이나 프로그램의 효과가 발생하였음에도 효과가 나타나지 않은 것으로 결론
- • 3종 오류: 정책문제 자체에 대한 정의를 잘못 내리는 오류

6 통계적 신뢰성과 타당성의 관계

Theme 10 　정책평가의 방법

1 　사회실험(정책실험)

구분	진실험설계	준실험설계
실험&통제 집단	무작위 배정을 통한 동질성 확보	동질성 확보 ×
내적 타당성	높음	중간
외적 타당성	낮음(호손효과를 강화)	중간
실행가능성	낮음	중간
종류	• 통제집단 사전사후측정설계 • 솔로몬 4집단 설계 • 통제집단 사후 설계	• 회귀 － 불연속설계 : 분명하게 알려진 자격기준, 투입자원이 희소함. • 비동질적 통제집단설계 • 단절적 시계열설계 • 통제 － 시계열설계

⊕ 단일집단 사전사후측정설계 : 인과적 추론이 어려운 준실험설계 또는 전실험설계

2 　비실험설계 및 자연실험

비실험설계	회귀분석, 경로분석 등 사회실험을 실시하기 어려운 경우 활용
자연실험	• 인위적 실험이 아닌 자연이나 사회현상 속에서 만들어진 사건이나 변화에 의해 실험여건이 형성됨, 준실험에 가까운 실험설계 • 사회실험에 비해 비용 문제나 윤리적 문제를 겪을 가능성이 낮음.

Theme 11 정부업무평가 기본법

목적 및 계획 수립	• 중앙행정기관 · 지방자치단체 · 공공기관 등의 평가역량의 강화를 통하여 국정운영의 능률성 · 효과성 및 책임성 향상 • 국무총리는 위원회의 심의 · 의결을 거쳐 정부업무평가기본계획을 수립하고 타당성을 최소한 3년마다 검토하여 수정 · 보완해야 함. • 국무총리는 매년 3월말까지 정부업무평가시행계획을 수립하고, 이를 평가대상기관에 통지하여야 함.
정부업무평가 위원회	• 국무총리 소속하에 정부업무평가위원회를 두고, 위원회는 위원장 2인(국무총리와 대통령이 지명하는 자)을 포함한 15인 이내의 위원(기획재정부장관 · 행정안전부장관 · 국무조정실장 등이 포함)으로 구성함.
평가총괄기관	주요정책부문: 국무조정실, 재정사업부문: 기획재정부, 조직 · 정보화부문: 행정안전부, 인사부문: 인사혁신처
중앙행정기관의 자체평가	• 중앙행정기관의 장은 자체평가계획을 수립하여 매년 4월말까지 위원회에 제출하여야 함. 중앙행정기관의 장은 그 소속기관의 정책 등을 포함하여 자체평가를 실시하여야 하고, 그 결과를 매년 3월말까지 위원회에 제출하여야 함. • 자체평가위원의 3분의 2 이상은 민간위원으로 하여야 함. • 국무총리는 필요가 있다고 판단되는 때에는 위원회의 심의 · 의결을 거쳐 재평가를 실시할 수 있음.
지방자치단체의 자체평가	• 지방자치단체의 장은 그 소속기관의 정책 등을 포함하여 자체평가를 실시하여야 하고, 자체평가위원의 3분의 2 이상은 민간위원으로 하여야 함. • 지방자치단체의 장은 자체평가계획을 매년 수립하여야 함.
특정평가	• 국무총리가 중앙행정기관을 대상으로 국정을 통합적으로 관리하기 위하여 필요한 정책 등을 평가 • 2 이상의 중앙행정기관 관련 시책, 주요 현안시책, 혁신관리 및 대통령령이 정하는 대상부문
합동평가	• 지방자치단체 또는 그 장이 위임받아 처리하는 국가위임사무 등 행정안전부장관이 관계중앙행정기관의 장과 합동평가를 실시할 수 있음. • 행정안전부장관 소속하에 지방자치단체합동평가위원회를 설치 · 운영할 수 있음.
공공기관평가	공공기관 외부의 기관이 실시하여야 함.

Theme 12　정책변동

1 정책변동의 유형[호그우드 & 피터스(Hogwood & Peters)]

정책유지	현재의 정책을 기본적으로 유지하면서 정책수단의 부분적인 변화만 이루어짐.
정책승계	의미 : 기존 정책의 목표는 변동하지 않고 그 수단의 핵심이 되는 내용의 일부 또는 전부를 바꾸는 것
	• **정책대체** : 정책목표를 변경시키지 않는 범위에서 정책내용을 완전히 새로운 것으로 바꾸는 것 • **부분종결** : 정책의 일부를 유지하면서 다른 일부는 완전히 폐지하는 것 • **복합적 정책승계** : 정책유지, 정책대체, 정책종결, 정책추가 등이 3개 이상 복합적으로 나타나는 경우 • **정책통합과 정책분할** : 두 개의 정책이 하나의 정책으로 통합되거나, 하나의 정책이 두 개 이상으로 분리
정책종결	정책수단이 되는 사업과 예산을 중단하고 이들을 대체할 다른 수단을 마련하지 않는 경우
정책혁신	담당하는 조직이나 예산도 없는 상태에서, 정부가 지금까지 관여하지 않았던 분야에 개입하기 위하여 새로운 정책을 결정

2 정책변동모형

정책패러다임 변동모형 (홀)	정책목표와 정책수단의 급격한 변화		
정책지지연합 모형 (사바티어)	정책지지연합들이 그들의 신념체계에 기반한 정책을 추진하기 위하여 경쟁하는 과정에서 정책변동이 발생		
정책흐름이론(킹던)	정책변동은 정책문제의 흐름, 정치의 흐름, 정책대안의 흐름이 결합하여 이루어짐.		
이익집단 위상변동모형 (무치아로니)	이익집단의 위상이 변동되면 정책의 내용도 변동		

구분		제도적 맥락	
		유리	불리
이슈맥락	유리	위상의 상승	위상의 저하
	불리	위상의 유지	위상의 쇠락

	🔍 이슈맥락 : 정치체제 외부의 상황적인 요인 　　제도적 맥락 : 정치체제 구성원들의 선호가 특정 이익집단에 호의적인지 여부
제도의 협착모형	한번 형성된 제도가 이해관계자들 때문에 바뀌기 어렵다는 것을 설명

Theme 13　기타 주제

시차이론	변화 시작의 시간적 전후관계나 동반관계, 변화과정의 시간적 장단관계를 사회현상 연구에 적용한 접근법
정책학습	시행착오나 정책실패를 통해 더 나은 정책을 결정할 수 있는 방법을 얻음.

조직

Theme 01 조직이론의 발달과 인간관

1 고전적 조직이론

배경	19세기 말부터 1930년대까지 나타난 조직이론 ① 관료제론(베버): 근대사회의 대규모 조직의 능률성 향상을 연구 ② 행정관리론(페이욜, 무니, 귤릭, 어윅): 조직의 관리기능을 중시하여 관리층의 조직 및 관리 작용의 원리를 연구 ③ 과학적 관리론(테일러): 조직 하위계층의 능률적 업무수행과 관련된 연구 ◈ 과학적 관리론의 주요 내용 • **기본전제**: 유일·최선의 방법의 발견, 생산성 향상은 노·사 모두를 이롭게 함, 경제적 유인에 의한 동기유발, 명확한 목표·반복적 업무 • **관리층의 역할**: 과학적 업무설계, 과학적 인력선발, 업무와 인력의 적절한 결합 • **과학적 방법의 개발**: 업무수행에 관한 유일·최선의 방법을 찾기 위해 동작연구(인체분석을 통해 불필요한 동작을 배제하고 능률적으로 인체를 사용할 수 있는 방법을 연구), 시간연구(작업을 하는 데 소요되는 시간을 측정하여 하루의 작업 할당량을 결정)
특징	• 공사행정일원론적 입장, 계층적 구조, 전문화와 분업, 기계론적 조직관에 입각하고, 공식적인 조직구조를 강조, 조직 내부의 합리성 또는 능률적 관리에 초점, 조직이 합법적 규칙과 권위에 기초할 때 개인의 오류 제거가 가능하다고 가정, 현대적 조직이론의 초석 • 합리적·경제적 인간관 ① 인간은 자신의 이익을 극대화하기 위해 행동하는 존재 ② 경제적 유인의 제공에 의해서 동기를 유발 ③ 조직에 의해 통제·동기화되는 수동적 존재 ④ 테일러의 과학적 관리론, 맥그리거의 X이론, 아지리스의 미성숙인 이론 등

2 신고전적 조직이론

배경	인간을 기계 부품으로 여기는 조직관을 비판하면서 조직구성원의 인간적 요소에 관심
인간관계론과 사회적 인간관	• 메이요(Mayo) 등에 의한 호손공장 실험에서 시작, 버나드(Barnard)는 조직 내 인간적·사회적 측면을 강조, 조직의 생산성에 대해 구성원들 간의 사회적 관계의 중요성을 확인(사회적 유인과 직무수행을 교환관계로 봄.) • 의사소통과 리더십, 참여, 공식조직에 있는 자생적·비공식적 집단을 인정하고 수용 • 사회적 인간관: 동기유발 요인으로 경제적 유인보다는 사회적 욕구(비경제적 요인) 충족이 중요
후기 인간관계론과 자아실현적 인간관	• 자아실현에 대한 인간의 욕구를 강조, 성취감·만족감 등 내재적 보상이 중요, 의사결정에 구성원의 참여 확대, 구성원 스스로 자기통제 및 자기계발 • 맥그리거(McGregor)의 Y이론, 아지리스(Argyris)의 성숙인

3 현대적 조직이론

배경	• 환경과 상호작용하는 개방적·동태적·유기적 조직을 강조 • 복잡한 인간관[샤인(Schein)의 복잡인모형]: 인간의 욕구체계는 매우 복잡하고 때와 장소, 조직 생활의 경험, 직무 등 상황에 따라서 달라짐.
상황적응적 접근방법	• 상황요인으로 규모, 기술, 환경, 전략을 강조하면서 이러한 상황에 적합한 조직구조를 처방, 조직을 구성하고 운영하는 방법의 효율성은 그것이 처한 환경에 의존, 유일·최선의 조직구조나 관리방법은 없음. • 독립변수를 한정하고 상황적 조건들을 유형화해 중범위라는 제한된 수준 내의 일반성과 규칙성을 발견, 환경의 영향에 대한 조직관리자의 역할이 수동적
조직군생태이론	• 조직군이 분석단위, 조직은 외부환경의 선택에 좌우되는 수동적인 존재(환경결정론적 관점), 전략적 선택이나 집단적 행동의 중요성을 경시 • 조직군의 변화는 변이(우연적 변화와 계획적이고 의도적인 변화) → 선택(환경에 의해 선택되는 단계) → 보존(환경에 적합한 조직이 유지·보존되는 단계)으로 진행되는 종단적 분석에 의해서만 검증 가능
거래비용이론	• 조직이란 거래비용을 감소하기 위한 장치 • 거래비용은 환경의 불확실성, 거래상대방의 한정성, 거래상대방의 기회주의적 행동, 자산특정성 등으로 인해 발생 • 시장에서의 거래비용이 조직의 내부 거래비용보다 클 경우 내부 조직화를 선택 • 윌리엄슨은 조직 내 거래비용을 줄이기 위해 U(Unitary organization)형 조직 대신 M(Multi divisionalized organization)형 조직을 제시
대리인이론	• 조직을 주인과 대리인 사이의 계약관계로 보며, 주인과 대리인 관계는 조직 내·외에서 모두 발생 • 정보의 비대칭성, 대리인의 기회주의적 행동, 자산특정성, 소수독점, 인간의 인지적 한계 등이 제약요인으로 작용 • 대리손실을 줄이고 효율성을 높이기 위한 방안으로 인센티브 등 유인기제 마련, 관료적 통제, 시장적 통제, 규범과 신념의 내재화를 처방

자원의존이론	조직은 자원을 획득하는 데 그 환경에 의존, 조직과 환경과의 관계에서 조직의 전략적 선택을 중시, 조직은 능동적으로 환경에 영향을 미치려고 함.
전략적 선택이론	조직구조의 변화가 외부환경 변수보다는 조직 내 정책결정자의 상황판단과 전략에 의해 결정, 분석 단위는 개별조직
공동체 생태학이론	• 조직은 환경에 능동적으로 대처해 나간다는 환경임의론적 입장 • 조직 설계의 최선의 방법은 조직이 관계해야 하는 환경의 특성에 달려 있음.
혼돈이론	• 혼돈상태는 비선형적으로 변동하는 동태적 체제로 초기 민감치가 높음. • 현실의 복잡성과 불확실성을 단순화하지 않고 있는 그대로 파악 • 전통적 관료제 조직의 통제중심적 성향을 타파하도록 처방(한정적 무질서의 용인에 의한 창의적 학습과 자기조직화, 조직구성원들의 자율적·독창적 임무수행, 유동적 업무부여, 일의 흐름을 중요시하는 구조형성, 다기능적 팀)

Theme 02 동기부여이론 : 내용이론

1 욕구계층론[매슬로우(Maslow)](생·안·사·존·자)

인간의 공통적인 욕구를 5단계로 제시, 충족된 욕구는 동기부여의 역할이 약화되고 그 다음 단계의 욕구가 새로운 동기 요인, 하위욕구가 100% 충족되어야 다음 욕구가 발로되는 것이 아니라, 어느 정도 잘 충족되면 다음 단계 욕구가 발로, 각 욕구의 단계가 명확히 구분되지 않는다는 비판

자아실현욕구(자신의 잠재적 역량을 최대한 실현하려는 욕구)

↑

존재감(자긍심, 타인으로부터의 존경 등)

↑

사회적 욕구(가족, 친구 등으로부터의 애정적 욕구)

↑

안전 욕구(안정, 보호, 공포·불안으로부터의 해방 등)

↑

생리적 욕구(음식, 의복, 주거 등)

2 ERG이론[앨더퍼(Alderfer)]

- 생존욕구(**E**xistence needs), 관계욕구(**R**elatedness needs), 성장욕구(**G**rowth needs)로 분류
- 매슬로우와는 달리 순차적인 욕구 발로뿐만 아니라 상위욕구가 만족되지 않거나 좌절될 때 하위 욕구를 더욱 충족시키고자 함, 두 가지 이상의 욕구를 동시에 추구하기도 함.

◈ 매슬로우와 앨더퍼의 욕구계층 비교

매슬로우		앨더퍼
자아실현욕구		성장욕구
존재감	자기존중	
	타인의 인정	관계욕구
사회적 욕구		
안전욕구	신분보장	
	물리적 안전	생존욕구
생리적 욕구		

3 성취동기이론[맥클리랜드(McClelland)]

- 동기가 개인이 사회문화와 상호작용하여 취득되고 학습을 통해 개발될 수 있다는 것을 전제
- 사회문화적으로 학습된 욕구들을 성취욕구, 권력욕구, 친교욕구로 분류
- 성취욕구는 행운을 바라는 대신 우수한 결과를 얻기 위해 높은 기준을 설정하고 이를 달성하려는 욕구로, 맥클리랜드는 성취욕구가 높을수록 생산성이 높아진다고 주장

4 욕구충족요인이원론[허즈버그(Herzberg)]

- 만족을 주는 요인(동기요인)과 불만족을 예방하는 요인(위생요인)은 상호 독립되어 있다고 주장
- **동기요인(만족요인)** : 성취와 인정, 승진, 책임감, 개인적 성장과 발전
- **위생요인(불만요인)** : 임금, 원만한 대인관계, 감독자와 부하의 관계
- 개인의 욕구 차이에 대한 충분한 고려가 없음, 불만 요인도 동기부여 요인이 될 수 있다는 비판이 있음.

5 직무특성이론[해크만과 올드햄(Hackman & Oldham)]

- 잘 설계된 직무는 직원들의 심리적 욕구를 충족시켜 직무성과를 가져옴.
- 동기유발 잠재력 지수 = {(기술다양성 + 직무정체성 + 직무중요성)/3} * 자율성 * 환류

직무특성을 결정하는 변수들	→	심리적 상태	→	성과

- 구성원의 성장욕구가 강할 때 효과적인 이론으로, 직무수행자의 성장욕구가 낮은 경우에는 단순한 직무를 제공하는 동기유발전략이 필요

6 X,Y이론[맥그리거(McGregor)]

- **X이론** : 인간의 본질은 대부분의 사람들은 본질적으로 일을 싫어하므로 정확한 업무지시와 감독의 강화, 업무 평가 결과에 따른 엄격한 상벌의 원칙 제시(경제적 보상체계), 관리자가 조직구성원에게 적절한 업무량 부과 등이 필요함.
- **Y이론** : 대부분의 사람들은 본질적으로 일을 싫어하는 것은 아니므로 의사결정 시 부하직원은 참여시키고 권한을 확대해서 자율적으로 업무를 수행하게 함.

7 미성숙 · 성숙이론[아지리스(Argyris)

- 공식조직이 개인의 행태에 미치는 영향 연구를 통해 인간은 미성숙상태에서 성숙상태로 발전하는 과정에서 성격변화를 경험
- **권위적 조직관리(X이론)** : 수동적 · 의존적이며 자아의식이 결여된 미성숙한 행태를 보임.
- **민주적 · 관계지향적 조직관리(Y이론)** : 능동적 · 독립적이며 자기통제가 가능한 성숙한 행태를 보임.

8 Z이론[윌리엄 오우치(William Ouchi)]

일본식 조직운영을 적용한 이론으로 직원에 대한 관심, 집단적 의사결정, 장기적인 고용관계, 일반가 양성중심 등이 특징이지만 미국사회의 요청(전문화 요청 등)에 부합하지 못함.

9 공공서비스동기이론(합 · 규 · 정)

- 공사부문 간 업무성격이 다르듯이, 공공부문의 조직원들은 동기유발요인 자체도 다르다는 입장
- 페리와 와이스는 공공서비스동기를 합리적, 규범적, 정서적 차원으로 제시

개념 차원	특징
합리적 차원	• 정책형성 과정의 참여 • 공공정책에 대한 동일시 • 특정 이해관계에 대한 지지
규범적 차원	• 공익에 대한 봉사 욕구 • 의무와 정부 전체에 대한 충성 • 사회적 형평성 추구
정서적 차원	• 정책의 사회적 중요성에 기인한 정책에 대한 몰입 • 선의의 애국심

Theme 03 동기부여이론 : 과정이론(기·목·형·성과·학·통)

1 기대이론[브룸(Vroom)](기·수·유)

- **기**대감(Expectancy) : 특정 결과는 특정한 노력으로 인해 나타날 수 있다는 가능성
- **수**단성(Instrumentality) : 성과를 달성하면 바람직한 보상을 가져다 줄 것이라고 주관적으로 믿는 정도
- **유**인가(Valence) : 보상에 대한 주관적인 선호도

2 목표설정이론[로크(Locke)]

개인의 목표를 동기유발 요인으로 보고 인간의 행동이 의식적인 목표와 성취의도에 의해 결정된다고 가정, 동기유발을 위해서는 구체성이 높고 난이도가 높은 목표가 채택되어야 함.

3 형평(공정)이론[아담스(Adams)]

- 자신의 보상/노력을 준거인물과 비교하여 불공정성을 느끼는 경우(과대 또는 과소 보상되는 경우) 이를 해소하는 방향으로 동기가 유발, 형평성에 대한 신념은 주관적 판단에 달려 있음.
- **전략적 대응** : 일에 대한 투입 변동, 보상의 변동을 요구, 현장 이탈, 준거인물을 변경, 심리적 왜곡, 준거인물의 투입 또는 산출에 대한 변동 요구

4 성과·만족이론[포터 & 롤러(Porter & Lawler)]

- 직무성과가 내재적·외재적 보상을 가져오며 보상이 만족으로 이어짐.
  ① 내재적 보상 : 직무자체에 대해 느끼는 성취감 등
  ② 외재적 보상 : 경제적 이익(보수), 승진, 안전 등
- 보상이 있더라도 그것이 불공평하다고 지각되면 개인에게 만족을 줄 수 없음.

5 학습이론[강화이론, 스키너(Skineer)]

- 학습은 경험의 결과 행동의 변화가 일어나는 과정으로, 행태변화에 초점을 둠.
- 학습이론에는 스키너의 조작적 조건화 이론이 대표적임.

선행자극 (업무상황)	⇨	반응행동 (직무수행)	⇨	행동의 결과 (강화, 처벌, 중단)

- 행동수정(강화&처벌)
  1. 강화 : 연속적 강화(초기단계에 효과적), 단속적 강화[고정간격 강화(매월 20일 월급), 변동간격 강화(승진), 고정비율 강화(생산량에 비례하여 보상), 변동비율 강화(칭찬, 보상)]
  2. 처벌 : 처벌은 강력하게, 일관성 있게, 차별 없이, 처벌의 이유를 알리며 시행하여야 함.

6 통로-목표이론[조고폴러스(Georgopoulos)]

생산활동이 개인의 목표달성을 위한 통로라고 생각한다면 높은 생산성을 추구하는 경향을 보임.

Theme 04 조직(행정)문화

의미	구성원들이 공유하는 가치와 신념, 그리고 태도와 행동양식의 총체
특징	구성원의 사고와 행동을 결정, 정체성 제공, 인간의 본능이 아니라 학습을 통해서 익히는 것, 안정적인 성격을 가지지만, 시간이 흐름에 따라 변함, 조직혁신을 저해하는 요인이 될 수 있음.
우리나라 조직문화	권위주의(집권적 구조를 지탱), 연고주의(가족적 분위기 조성), 온정주의(공평성과 합리성을 저해할 수 있음.), 순응주의(계서적 질서 유지에 도움), 일반인 능력주의(인사운영의 융통성), 집단주의(할거주의적 행태 조장), 형식주의(목표의 대치 조장)
호프스테드의 문화차원	• 불확실성 회피 : 불확실성 회피 정도가 강한 경우 공식적 규정을 많이 만들어 불확실한 요소를 최대한 통제하려 함. • 개인주의 vs 집단주의 : 개인주의가 강한 문화는 집단주의가 강한 문화보다 상대적으로 느슨한 개인 간 관계를 더 중요시함. • 권력 거리 : 권력 거리가 큰 경우 제도나 조직 내에 내재되어 있는 상당한 권력의 차이를 자연스럽게 인정함. • 남성성 vs 여성성 : 남성성이 강한 문화는 여성성이 강한 문화보다 상대적으로 남성과 여성의 역할에 대한 분명한 차이를 인정함. • 장기성향 vs 단기성향 : 과거의 전통을 중시하고 미래를 생각하는 안목을 가진 정도를 나타냄. 　⊕ 호프스테드는 한국문화의 특성을 안정주의, 집단주의, 권위주의, 온정주의로 보았음.

조직몰입	• 조직구성원이 그 조직의 구성원으로 남기를 원하는 수준 • 메이어와 앨런(Mayer & Allen)의 분류 ① 감정적 몰입: 조직에 대한 감정적 애착 ② 연속적 몰입: 조직에서 이탈시 발생하는 비용으로 인한 몰입 ③ 규범적 몰입: 도덕적 또는 윤리적 이유로 몰입 • 라이처스(Reichers)의 분류 ① 태도적 몰입: 조직의 목적과 가치를 동일화하여 내재화 ② 행위적 몰입: 조직에 투자된 매몰비용으로 인한 몰입 ③ 타산적 몰입: 조직으로부터 보상과 비용의 이해타산에 따라 몰입

Theme 05 조직 내 의사전달

1 공식적 vs 비공식적 의사전달

공식적 의사전달 (공식조직 내에서 계층적 경로)	비공식적 의사전달 (친분, 상호신뢰 등 인간관계)
• 책임소재가 명확 • 상관의 권위 유지 • 정책결정에 활용이 용이 • 의사소통이 객관적 • 조정과 통제 용이 • 문서 명령과 예규의 제정 등은 상의하달에 의한 의사전달 방식	• 관리자에 대한 조언 기능 • 수직적 계층제에서 상관의 권위를 손상시킬 수 있음. • 신속한 전달 • 배후사정을 소상히 전달 • 긴장과 소외감을 극복하고 개인적 욕구를 충족 • 조정과 통제가 어려움. • 공식적 의사전달을 보완하지만 혼란을 줄 수 있음.

2 의사소통 기타 사항

의사소통에 필요한 요소	발신자(정보 등을 전달하려고 하는 사람), 코드화(정보를 언어, 몸짓, 기호 등 특정 형태로 변화 후 발송하는 것), 통로(발신자와 수신자를 이어주는 연계), 해독(수신자가 자신에게 전달된 정보를 어떤 개념이나 생각, 감정 등으로 변화시키는 사고 과정), 수신자(발신자의 정보 등을 받는 사람), 환류(의사소통이 일방적으로 끝나는 것이 아니라 수신자가 정보에 대해 응답하는 것), 장애(의사소통 과정에서 정보를 왜곡시킬 수 있는 요인)
공식 집단과 비공식 집단	• 공식 집단: 품의제(부하가 의견을 제시하고 상관이 결정)적 의사전달 • 비공식 집단: 심리적 안정감 제고, 계층제적 경직성 완화, 구성원 간의 협조를 통한 직무의 능률적 수행, 구성원 행동 기준 확립 등

의사전달 네크워크 유형	• 개방(all channel)형: 구성원이 다른 모든 구성원들과 직접적인 의사전달 • 원(circle)형: 구성원의 양옆의 두 사람과만 연결된 의사전달 • 선형 또는 연쇄(chain)형: 단순한 계서적 의사전달 형태 • 바퀴(wheel)형: 모든 의사전달은 중심의 리더를 통해서 이루어지는 형태 • Y형: 의사전달의 최상층 또는 최하층에 두 개의 직위가 있는 형태 • 혼합(mixed)형: 바퀴형과 개방형이 혼합된 형태
의사전달의 장애	• 장애요인: 시간의 압박, 의사전달의 분위기, 계서제적 문화, 환류의 차단 • 개인적 차원: 준거 기준의 차이, 전달자의 자기방어, 전달자의 의식적 제한, 피전달자의 전달자에 대한 불신 등 • 조직구조 차원: 정보전달 채널의 부족, 의사전달 기술의 부족, 지나친 계층화로 인한 수직적 의사전달 저해, 지나친 전문화와 할거주의로 인한 수평적 의사전달 저해

Theme 06 갈등

갈등의 구분 (로빈슨)	• 전통주의자(갈등역기능론): 갈등은 부정적인 것으로, 갈등 제거에 초점 • 행태주의자(갈등수용론): 갈등은 필연적 현상으로 때론 순기능을 가짐. • 상호작용주의자: 갈등을 정상적인 현상으로 보고 경우에 따라서는 조직 발전의 원동력이므로, 긍정적 갈등은 조장하고 부정적 갈등은 제거
갈등의 진행단계 (루이스 폰디)	잠재적 갈등(갈등이 야기될 수 있는 상황 또는 조건) → 지각된 갈등 → 감정적으로 느끼는 갈등 → 표면화된 갈등 → 갈등의 결과

갈등의 원인	• 지위부조화: 직위에 의한 지위와 능력에 의한 지위의 괴리
	• 제한된 자원: 하위 부서 간 경쟁 등을 유발
	• 분업구조: 참모와 계선의 관계, 목표의 분업구조 등
	• 과업의 상호 의존성: 업무의 연계성으로 인한 타인과의 협조 필요성 증가
	• 의사소통의 장애: 오해와 불신, 충분한 양의 정보도 갈등을 유발
	• 당사자들의 성격, 가치관의 차이, 상충되는 목표 추구 등
	• 개인적 갈등의 원인(사이먼과 마치)
	  ① 비수락성: 대안들이 모두 만족 기준을 충족시키지 못해 선택에 곤란
	  ② 비비교성: 최선의 대안이 어느 것인지 비교하기 곤란
	  ③ 불확실성: 각 대안이 초래할 결과를 알 수 없음.

갈등관리	• 갈등원인과 예방 ① 자원의 희소성 → 자원 배분기준의 명확화 ② 분업구조 → 직급교육, 인사교류 ③ 업무의 상호의존성 → 상호의존성을 줄여줌, 업무분담 명확화 ④ 개인의 특성 → 다른 사람과의 공감대 형성 능력 개발을 위한 교육 • 갈등해소 ① 문제해결, 상위목표 제시, 공동의 적을 확인시키고 이를 강조, 자원의 증대, 회피, 완화(공동이익의 강조 등), 타협, 협상, 권위적 명령, 갈등당사자의 태도변화, 조직의 구조적 변수의 변화 등 ② 토마스의 갈등해소 방안

회피	자신의 이익이나 상대방의 이익 모두에 무관심한 방안
경쟁	상대방의 이익을 희생해 자신의 이익을 추구하는 방안
순응	자신의 이익을 희생하면서 상대방의 이익을 만족시키는 방안
협동	자신과 상대방의 이익을 모두 만족시키는 방안
타협	자신과 상대방의 이익을 중간 정도 만족시키는 방안

• 갈등조성: 공식적 및 비공식적 정보전달 통로를 의식적으로 변경, 조직 내의 계층 수 및 기능적 조직단위의 수를 늘려 서로 견제

조직 내 협상	협상의 특징	배분적 협상	통합적 협상
	이용가능 자원	고정적인 양	유동적인 양
	주요 동기	승 - 패 게임	승 - 승 게임
	이해관계	서로 상반	조화, 상호수렴
	관계의 지속성	단기간	장기간

Theme 07 권력(프렌치와 레이븐)

• **합법적 권력** : 권한과 유사하며 상사가 보유하고 있는 직위에 기반을 둠.
• **전문적 권력** : 다른 사람들이 가치를 두는 정보를 가지고 있는 정도에 기반을 둔 것으로, 조직 내 공식적 직위와 항상 일치하는 것은 아님.
• **강압적 권력** : 어떤 사람이 다른 사람을 처벌할 수 있는 능력을 가지거나 육체적 또는 심리적으로 다른 사람에게 위해를 가할 수 있는 능력을 가진 경우 발생
• **보상적 권력** : 다른 사람들에게 보상을 제공할 수 있는 능력에 기반을 둔 것으로, 조직이 제공하는 보상의 예에는 봉급, 승진, 직위 부여 등이 있음.
• **준거적 권력** : 자신보다 뛰어나다고 생각하는 사람을 닮고자 할 때 발생하며 카리스마와 유사

Theme 08 리더십

1 리더십 연구의 접근방법

특성론 (자질이론)	지능과 인성뿐 아니라 육체적 특징 등 지도자 개인이 갖는 자질 및 특성에 관심을 가지는 접근법으로, 보편적인 자질은 없다는 비판이 있음.
행태론	• 리더의 실제 행동과 효과성 사이의 관계에 관심을 가지는 접근법 • 아이오와 주립대학의 리피트, 화이트 등에 의한 리더십 연구에서는 리더의 행태를 민주형, 권위형, 방임형으로 분류 　⊕ 민주형 > 권위형 > 방임형 순으로 선호가 높았고, 민주형이 생산성과 산출물의 질적인 측면에서 　　가장 높은 성과를 창출하였음. • 미시간대학교의 연구에서는 리커트 등은 직원중심형과 생산중심형이라는 두 가지 리더십 유형으로 구분하고, 직원중심형이 우월하다고 결론 • 블레이크와 머튼의 리더십 격자 모형: 리더의 행태를 사람과 과업(생산)의 두 차원으로 나누고 무기력형, 친목형, 임무형, 중도형, 단합형 중 단합형 리더십이 가장 이상적이라고 주장
상황론	• 상황적합적 리더십이론(피들러) 　① 상황요인: 리더와 부하의 관계, 직위권력, 과업구조 　② 리더십 유형: 과업지향형, 인간관계지향형 　　㉠ LPC를 비교적 부정적으로 평가한 사람 = 과업지향형 　　㉡ LPC를 비교적 호의적으로 평가한 사람 = 인간관계지향형 　③ 가장 유리하거나 가장 불리한 조건(상황)에서는 과업중심적 리더십이 효과적이고, 중간 　　정도 상황에서는 인간관계중심적 리더십이 효과적 • 생애주기이론(허시 & 블랜차드) 　① 상황요인: 부하의 성숙도 　② 리더십 유형: 지시, 설득, 참여, 위임 　③ 관계지향행태(×) → [성숙도가 낮을 때: 지시, 성숙도가 높을 때: 위임] 　　관계지향행태(○) → [성숙도가 보통일 때: 설득, 참여] • 삼차원적 모형(허시 & 블랜차드) 　① 상황 요인: 리더의 스타일, 추종자, 동료, 상관의 스타일과 기대, 조직의 스타일과 기대, 　　수행해야 하는 임무의 성격, 시간 　② 리더십 유형: 인간관계중심, 임무중심 　③ 효율성 국면이라는 하나의 차원을 추가한 3차원적 모형을 정립 • 경로 – 목표이론(하우스) 　① 상황 요인: 환경 변수(과업의 구조, 공식적 권위 체계, 작업집단의 특성), 조직원 개인의 　　특성(통제 성향, 경험 및 지각 능력 등) 　② 리더십 유형: 지시적, 지원적, 참여적, 성취지향적 　③ 리더가 부하들에게 목표 달성을 위한 분명한 '경로'를 보여주는 것을 통해 리더십을 발휘 • 리더십 대체물 접근법(커 & 저미어) 　① 구성원들이 경험과 능력을 갖춘 상황에서는 지시적 리더십이 불필요 　② 리더십 대체물: 명확한 과업, 환류, 부하의 경험·능력·높은 훈련수준 등 　③ 리더십 중화물(리더십 약화): 조직이 제공하는 보상에 대한 무관심 등 　④ 리더십 증강물(리더십 강화): 보수에 대한 리더의 결정권 강화 등

2 현대적 리더십

거래적 리더십과 변혁적 리더십 (**영·카·개·지**)	• 번스는 거래적 리더십과 변혁적 리더십으로 구분 • **거래적 리더십**: 부하가 적절한 수준의 노력과 성과를 보이면 그만큼의 보상을 제공, 보수적·현상유지적 리더십, 예외에 의한 관리에 치중하고 책임과 결정을 회피 • **변혁적 리더십(번스&바스)**: **영**감, **카**리스마, **개**별적 배려, **지**적 자극 　① 조직에서 변화를 주도하는 리더십으로 변혁적 리더십이 거래적 리더십보다 늘 행정에 유용한 것은 아님. 　② 부하에게 자긍심과 신념을 심어줌, 재량권을 부여하여 부하를 리더로 키움, 부하로 하여금 형식적 관례와 사고를 다시 생각하게 함으로써 새로운 관념을 촉발
서번트 리더십	자기 자신보다는 다른 사람에게 초점을 두고, 부하들이 잠재력을 발휘할 수 있도록 봉사하는 리더십
카리스마적 리더십	리더가 특출난 성격과 능력으로 부하들의 강한 헌신과 리더의 일체화를 이끌어 냄.
진성 리더십	리더의 진정성 있고 신뢰할 수 있는 행동으로 부하들을 이끌어가는 리더십
지식정보화사회의 리더십	탭스콧은 조직구성원의 공유된 비전과 끊임없는 학습의지를 강조, 개인들의 역량이 효과적으로 결합될 수 있는 리더십의 발휘를 강조

Theme 09　조직구조

1 조직구조의 특징

복잡성	• **수평적 분화**: 조직의 횡적인 분화를 의미하며 수평적 분화가 심할수록 전문성을 가진 부서 간 커뮤니케이션과 업무협조가 어려움. • **수직적 분화**: 종적인 분화를 의미하여 책임과 권한의 계층적 분화 • **공간적 분화**: 구성원과 물리적인 시설이 지역적으로 분산되어 있는 정도
공식화	업무수행 방식이나 절차가 표준화되어 있는 정도를 의미하며, 공식화가 높을수록 조직구성원들의 재량은 감소
집권화와 분권화	• **집권화**: 의사결정 권한이 조직의 고위층에 집중되어 있는 정도 • **분권화**: 의사결정 권한이 조직의 하위층에 분산되어 있는 정도
상황과 조직구조	• **규모가 커질수록**: 복잡성이 높아지고, 공식화가 높아지고, 집권화는 낮아짐. • **기술(과업)이 다양할수록**: 복잡성이 높아지고, 공식화는 낮아지고, 집권화는 낮아짐. • **환경이 불확실할수록**: 복잡성이 높아지고, 공식화는 낮아지고, 집권화는 낮아짐. 🔍 데프트(Daft)는 환경의 불확실성이 높을수록 유기적 구조, 환경의 불확실성이 낮을수록 기계적 구조가 적합하다고 보았음.

구분		환경의 복잡성	
		단순	복잡
환경의 변화	안정	낮은 불확실성	다소 낮은 불확실성
	불안정	다소 높은 불확실성	높은 불확실성

2 기계적 구조 vs 유기적 구조

구분	기계적 구조	유기적 구조
장점	예측가능성	적응성
조직특성	• 좁은 직무범위 • 표준운영절차 • 분명한 책임관계 • 계층제 • 공식적 · 몰인간적 대면관계	• 넓은 직무범위 • 적은 규칙 · 절차 • 모호한 책임관계 • 분화된 채널 • 비공식적 · 인간적 대면관계
상황조건	• 명확한 조직목표와 과제 • 분업적 과제 • 단순한 과제 • 성과측정이 가능 • 금전적 동기부여 • 권위의 정당성 확보	• 모호한 조직목표와 과제 • 분업이 어려운 과제 • 복합적 과제 • 성과측정이 어려움. • 복합적 동기부여 • 도전받는 권위

3 수평적 전문화(분화) vs 수직적 전문화(분화)

수직적 전문화 \ 수평적 전문화	높음	낮음
높음	비숙련(단순) 직무	일선관리 직무
낮음	전문가적 직무	고위관리 직무

Theme 10 고전적 조직구성 원리

1 분업에 관한 원리

분업의 원리 (전문화의 원리)	• 일은 가능한 한 세분해야 하며, 전문화가 될수록 능률이 올라감. • 작업전환에 드는 시간을 단축시킬 수 있고, 작업도구 · 기계와 그 사용방법을 개선하는 데 기여할 수 있음. • 분업이 고도화되면 조직구성원에게 심리적 소외감이 생길 수 있고, 업무량의 변동이 심하거나 원자재의 공급이 불안정하면 유지하기 어려움.
부성화의 원리 (부서편성의 원리)	• 한 조직 내에서 유사한 업무를 묶어 여러 개의 하위기구를 만들 때 활용 　① 기능부서화: 유사기능을 수행하는 구성원들을 동일 부서로 묶는 방식 　② 지역부서화: 특정지역 고객에 봉사하기 위해 조직자원을 활용하는 방식 　③ 혼합부서화: 두 개의 부서화 대안을 동시에 적용하는 조직구조 설계 • 귤릭은 부서편성의 원리로 ① 목표, ② 사용하는 절차, ③ 봉사 또는 처리의 대상이 되는 고객이나 물건, ④ 업무를 수행하는 장소를 제시
동질성의 원리	각 조직단위를 같은 종류의 활동만으로 구성하는 것
기능 명시의 원리	분화된 모든 기능 또는 업무는 명문으로 규정해야 한다는 원리

2 조정에 관한 원리

조정의 원리	• 조정이란 조직의 전체목표를 달성하기 위한 부서 간 협력과 통합의 질을 의미 • **수직적 연결** : 관리자가 하위계층 간 활동을 조정하는 것을 목적으로 계층제, 규칙과 계획, 수직정보시스템 등이 있음. • **수평적 연결** : 동일한 계층의 부서 간 조정과 의사소통을 목적으로 태스크 포스, 프로젝트 팀, 정보시스템, 연락담당자 지정 등이 있음.
계층제의 원리	• 조직 내의 권한과 책임 및 의무 정도가 상하(수직적)의 계층에 따라 달라지도록 조직을 설계하는 원리 • 수직적 분화가 많이 이루어져 있을수록 고층 구조, 적을수록 저층 구조
명령통일의 원리	한 사람에게만 보고하고 지시를 받아야 한다는 원리 ⊕ 명령체계는 조직 내 구성원을 연결하는 연속된 권한의 흐름
명령계통의 원리	위아래를 연결하는 계층적 통로를 거쳐 명령이 전달되는 원리
통솔범위의 원리	• 상관이 감독하는 부하의 수는 상관의 통제능력 범위 내로 한정해야 함. • 상명하복의 관계 유지를 위해서는 통솔의 범위가 좁아야 함. 　≋ **통솔범위(span of control)** 　• 한 사람의 상관 또는 감독자가 효과적으로 통솔할 수 있는 부하 또는 조직 단위의 수 　• 통솔범위는 감독자의 능력, 업무의 난이도, 돌발 상황의 발생 가능성 등 다양한 요소를 고려하여 정함. 　• 일반적으로 통솔범위가 넓은 조직은 저층 구조를 가지고, 통솔범위가 좁은 조직은 고층 구조를 가짐.

Theme 11　데프트(Daft)가 제시한 조직구조 유형

기능구조	• 분업을 통해 전문기술을 발전시킬 수 있는 방식으로, 중복과 낭비를 예방하고 기능 내에서 규모의 경제를 구현할 수 있음. • 수평적 조정의 필요가 낮을 때 가장 효과적이고, 의사결정의 상위 집중화로 최고관리층의 업무 부담이 증가할 수 있음.
사업구조	• 산출물에 기초한 사업부서화 방식으로, 각 부서는 자기완결적 단위로 사업부서 내의 조정이 용이하고 변화하는 환경에 신속하게 대응할 수 있음. • 성과책임의 소재가 분명해 성과관리 체제에 유리하고 고객만족도를 제고할 수 있으나, 사업부서 간 조정은 곤란할 수 있음.

매트릭스구조	• 기능부서의 전문성과 사업부서의 대응성을 화학적으로 결합 • 기능부서의 통제권한은 수직적으로, 사업부서 간 조정권한은 수평적으로 흐름. • 동시에 두 명의 상관에게 보고하는 이원적 권한체계를 가지므로, 명령통일의 원리에 부합하지 않음. • 조직 구성원의 시야를 넓힐 수 있고, 인력사용에 경제성을 확보할 수 있음. • 환경변화에 탄력적으로 대응할 수 있으나, 구성원 간의 역할갈등 및 역할모호성, 기능부서와 사업부서 간 과업조정의 어려움이 발생할 우려 • 조직이 중간 정도의 크기이고, 전문성과 산출변동에 대한 이원적 요구가 강할 때, 사람과 장비 등을 함께 사용할 필요가 클 때 유용함.
수평구조	핵심업무 과정 중심의 구조화 방식으로 조직 구성원들에게 자율관리, 의사결정권과 책임을 위임함으로써 사기와 직무동기 부여
네트워크구조	• 핵심기능만 조직의 중심에 놓고 다수의 독립된 조직들을 협력 관계로 묶어 일을 수행하는 방식으로, 매우 간소화된 조직구조를 유지할 수 있음. • 수직적·수평적 신뢰관계로 연결되며, 상호의존성과 관계성이 중요

⊕ 유기적 성격이 강한 순서: 기능구조 < 사업구조 < 매트릭스구조 < 수평구조 < 네트워크구조

Theme 12 기술

1 우드워드(Woodward)의 기술유형

• 대량생산(라디오 생산 등) 체제, 소량생산(선박, 항공기 생산 등) 체제, 연속적인 생산(화학제품 생산 등) 체제로 유형화하였음.
• 대량생산 체제는 기계적 구조, 소량생산 체제는 유기적 구조가 적합

2 톰슨(Thompson)의 기술유형

기술의 유형	상호의존성	조정 형태	예시
집약형 기술	교호적 상호의존성	상호조정, 수평적 의사전달	환자를 중심으로 의료서비스를 제공하는 종합병원
길게 연결된 기술	연속적 상호의존성	정기적 회의, 수직적 의사전달	대량생산에 사용되는 조립라인
중개형 기술	집합적 상호의존성	규칙, 표준화	노동 수요와 공급을 이어주는 직업소개소

3 페로우(Perrow)의 기술유형(장·비·일·공)

구분		과업의 다양성	
		소수의 예외	다수의 예외
분석 가능성	낮음	**장**인 기술 (대체로 유기적 구조와 적합)	**비**일상적 기술 (유기적 구조와 적합)
	높음	**일**상적 기술 (기계적 구조와 적합)	**공**학적 기술 (대체로 기계적 구조와 적합)

Theme 13 관료제

1 베버의 관료제

의미	• 권위의 유형을 전통적 권위, 카리스마적 권위, 법적·합리적 권위로 나누었는데 근대적 관료제는 법적·합리적 권위에 기초를 두고 있다고 주장 • 능률성을 극대화할 수 있는 조직을 이념형 관료제라고 설정하여, 전근대적 봉건적 조직 원리와 구별함.
법규에 의한 권위구조	모든 직위의 권한과 관할범위는 법규에 의하여 규정된 수직적·계층제적 구조를 가짐.
계층제적 구조	엄격한 계층제의 원리에 따라 운영되고 상명하복의 질서정연한 체계
문서에 의한 업무 처리	• 조직 내의 모든 업무는 문서로 처리하는 것이 원칙 • 조직의 목표달성을 위해 필요한 절차와 방법이 기록된 문서화된 규정
몰인격성 (비개인성)	관료들의 임무수행은 개인적 이익이나 구체적인 사정 등을 고려하지 않고, 규정에 의해 수행
전문화와 전임화	• 관료는 업무수행에 필요한 전문적인 자격과 능력으로 채용되며, 원칙적으로 상관이 임명 • 업무에 대한 지식을 가진 전문적인 관료가 분업의 원리에 따라 규정된 기능을 수행하며, 관료로서 일생 동안의 전임직업 • 관료는 계급과 근무연한에 따라 고정된 보수와 연금을 받으며, 관료를 승진시킬 때에는 근무연한을 고려
조직의 계속성	관료제는 사회의 기능수행에 필요한 서비스의 제공을 통하여 계속성을 유지

2 관료제에 대한 비판 또는 역기능

무사안일주의	새로운 결정을 하지 않고 선례에 따르거나 상관의 지시에 영합
훈련된 (전문화로 인한) 무능	한 가지의 지식 또는 기술에 관하여 훈련받고 기존 규칙을 준수하도록 길들여지기 때문에 변동된 조건 하에서는 대응이 어려움.
할거주의	자신이 소속된 기관만을 생각하고 다른 기관을 배려하지 않는 현상
국지주의	관료들의 편협한 안목과 직접적인 고객의 특수이익에 묶여 전체이익을 망각
동조과잉과 목표대치	관료들은 목표가 아닌 수단에 지나치게 동조됨으로써, 수단으로 간주되던 규칙의 엄격한 준수가 목적이 되는 '목표와 수단의 대치' 현상을 일으킴.
번문욕례	규칙과 절차의 강조, 형식주의로 인한 불필요하거나 번잡스러운 문서처리가 증가
환경에 대한 적응성 부족	급변하는 환경에 대한 적응과 조직의 융통성이 떨어지고, 조직 구성원들의 자아실현적 욕구와 창의성을 저해
계서적 권한과 전문적 권력의 이원화	상관의 계서적 권한과 부하의 전문적 권력이 이원화됨에 따라 조직 내에서 갈등이 발생
권의주의적 행태	권한과 능력의 괴리 등으로 더욱더 권위주의적인 행태를 가지게 됨.
인간적 발전의 저해와 인격의 상실	집권적이고 권위적인 통제, 규칙 우선주의, 몰인격성은 불신과 불안감을 조성하여, 조직구성원의 발전을 저해하고 조직 내 인격 상실을 유발
관료제의 확대	권한행사 영역을 계속 확장하여 제국을 건설하려고 함(파킨슨의 법칙).
관료를 무능화하는 승진제도	피터의 원리에 따르면 계층제적 관료조직 내에서 구성원이 각자의 능력을 넘는 수준까지 승진함.
행정의 독선화	국민에 대해 직접적인 책임을 지지 않는 데서 오는 행정의 독선화로 인하여 민주성을 저해
과두제의 철칙	피라미드 형태를 취하며 과두제의 철칙이 나타날 수 있음.

3 관료제에 대한 학자들의 평가

굴드너	관료제의 통제위주 관리는 관료들을 규칙의 범위 내에서 최소한의 행태만을 추구하게 만드는 무사안일주의를 초래
셀즈닉	권한의 위임과 전문화가 조직 하위 체계의 이해관계를 지나치게 분열시켜 부처할거주의 현상을 초래
머튼	최고관리자의 지나친 통제가 관료들의 경직성과 과잉동조 현상을 초래
블루와 톰슨	관료조직 내 인격적 관계의 상실로 인한 조직 구성원의 심리적 불안감이 현상유지적 행태를 초래하고, 동조과잉이나 변동에의 저항 등 역기능이 나타남.

Theme 14   탈관료제(애드호크라시)

의미	• 업무가 비정형적이고, 고도의 창의성과 환경 적응성이 필요한 상황에서 유효한 임시 조직으로 구조적으로 복잡성, 공식화, 집권화 정도가 낮음. • 업무 처리 과정에서 갈등과 비협조, 업무수행과정에서 스트레스 발생 우려
견인이론 (골렘뷰스키)	자유로운 업무분위기 선호, 직무수행과 개인적 욕구충족의 조화, 통합 강조, 일의 흐름을 중시
연합적 이념형 (커크하트)	컴퓨터 활용, 사회적 계층화의 억제, 권한체계의 상황적응성
계서제 없는 조직(테이어)	계서제의 타파, 소집단의 연합체 형성, 협동적 과정, 모호하고 유동적인 집단과 조직의 경계
태스크 포스와 프로젝트 팀	• 태스크 포스 : 특수한 과업 완수를 목표로 기존의 다른 부서나 외부업체 등에서 사람들을 선발하여 구성한 조직 • 프로젝트 팀 : 중요하거나 창의성이 요구되는 프로젝트를 진행하기 위해 여러 부서에서 프로젝트 목적에 적합한 사람들을 선발해 구성한 조직
매트릭스 조직	기능 중심의 수직적 계층구조와 사업 중심의 수평적 조직구조를 결합한 조직
네트워크 조직	각기 높은 독자성을 지닌 조직 단위나 조직들 간에 협력적 연계를 통해 구성된 조직이며, 환경변화에 신속하게 적응할 수 있음.
학습조직	• 구성원들과 함께 배우고 변화하는 조직학습에 유리한 조건을 구비한 조직 • 비전 공유를 중시, 구성원의 권한 강화를 강조, 정보공유와 참여를 강조, 수평적 협력을 중시, 집단적 행동, 공동참여와 공동생산 ≋ 생게(Senge)의 학습조직 생게는 개방체제와 자아실현적 인간관을 바탕으로 학습조직에 필요한 다섯 가지 수련(disciplines)으로 개인적 숙련(personal mastery), 사고모형(mental models), 공유비전(shared vision), 집단적 학습(collective learning), 시스템 중심의 사고(systems thinking)를 제시
삼엽조직 (클로버형 조직)	소규모 전문적 근로자, 계약직 근로자, 신축적 근로자

Theme 15 조직유형론

1 민츠버그(H. Mintzberg)의 조직유형(단·기·전·사·애)

구분	단순구조	기계적 관료제	전문적 관료제	사업부제	애드호크라시
강조된 부분	최고관리층	기술구조	핵심운영층	중간계선	지원참모
조정 방법	직접적 감독	작업과정의 표준화	작업기술의 표준화	산출의 표준화	상호조절
구조적 특징	• 낮은 분화·공식화 • 높은 집권화 • 유기적이고 융통성 있는 조직 등	• 높은 분화·전문화 • 기술구조에 대한 수평적 분권화 • 의사결정의 수직적 집권화 • 낮은 융통성	• 높은 수평적 분화 • 작업자의 높은 전문성 • 높은 수직적·수평적 분권화	제한된 수직적 분권화 조직	선택적 분권화 조직
환경	단순하고 동태적인 환경	단순하고 안정적인 환경	복잡하고 안정적인 환경	단순하고 안정적인 환경	복잡하고 동태적인 환경
예시	신설된 행정조직	대량생산업체	종합병원	합병으로 설립된 기업	광고회사

2 파슨스(T. Parsons)의 조직유형

생산조직	적응기능 / 민간기업 등	(생·적·민)
정치조직	목표달성기능 / 정부 행정기관, 정당 등	(정·목·정)
통합조직	통합기능 / 법원, 경찰서 등	(통·통·법)
체제유지조직	체제유지기능 / 교육기관, 문화단체, 종교단체 등	(체·체·교)

3 에치오니(Etzioni)의 조직유형

강압적 조직	강압적인 권한과 굴종적인 복종의 형태 / 교도소 등
공리적 조직	공리적 권한과 타산적 복종의 형태 / 사기업체 등
규범적 조직	규범적 권한과 도덕적 복종의 형태 / 종교단체 등

4 **블라우 & 스콧**(Blau & Scott)**의 조직유형**(수혜자를 중심으로 조직유형을 분류)

조직유형	수혜자	예
호혜조직	구성원	정당, 노조
기업조직	소유주	기업체, 은행
봉사조직	고객	병원, 학교
공익조직	일반국민	행정기관

5 **콕스**(Cox)**의 조직유형**(문화론적 시각에서 조직유형을 분류)

획일적 조직	단일의 강한 문화가 지배하는 조직
다원적 조직	획일적 조직에 비해 구성원들의 문화적 이질성이 높은 조직
다문화적 조직	문화적 다양성의 가치를 존중하는 조직

Theme 16 우리나라 정부조직

1 **계선기관**(보조기관) **vs 참모기관**(보좌기관 또는 막료기관)

계선기관	계층적 구조를 갖는 수직적 조직으로 권한 및 책임의 한계의 명확성, 신속한 결정력 등이 장점이고, 기관장의 주관적·독단적 결정 가능성이 존재
참모기관	• 횡적 지원을 하는 수평적 조직으로, 정보제공 등을 통해 간접적으로 기여 • 정책에 대한 최종적인 책임을 지지 않는 경우가 많고, 조직 내의 불화의 가능성
계선과 참모의 관계	• 계선과 참모의 갈등을 해결하기 위하여 책임과 한계를 분명히 하여야 함. • 계선이 참모보다는 더 현실적이고 보수적인 속성을 가질 가능성이 높음.

2 **위원회**(committee) **조직**

의미	• 복수인으로 구성되는 합의제 기관으로 정책결정에 있어 신중성 도모, 민주적 의견수렴의 확대, 전문가들을 활용한 정책결정의 합리화, 정책결정에 대한 신뢰 증대, 집단결정을 통해 행정의 안정성과 지속성을 확보할 수 있음. • 책임소재가 모호하고(책임의 공유와 분산), 의사결정이 지연될 수 있음.		
위원회 구분	권한	예시	특징
행정위원회	의사결정의 구속력 + 집행권	공정거래위원회, 국민권익위원회 등	독립지위를 가진 행정관청
의결위원회	의사결정의 구속력	정부공직자윤리위원회, 기관별 징계위원회 등	–
자문위원회	둘 다 ×	자치분권위원회 등	참모기관

3 **주요 정부조직 개편**

박근혜 정부	• 신설 또는 부활: 미래창조과학부, 해양수산부 • 개편: 식품의약품안전청 → 식품의약품안전처
문재인 정부	• 신설 또는 부활: 행정안전부, 소방청, 해양경찰청, 과학기술정보통신부 • 개편: 중소기업청 → 중소벤처기업부
윤석열 정부	• 신설 또는 부활: 재외동포청 • 개편: 국가보훈처 → 국가보훈부

Theme 17 공기업

1 **공기업 설립이유와 구분**

설립이유	공공수요가 있으나 민간부문의 자본이 부족한 경우, 시장에서 독점성이 나타나는 경우 등 설립이 정당화되고, 전통적인 자본주의적 사기업 질서에 반하여 사회주의적 간섭을 하는 것으로 볼 수 있음.
구분	정부부처형, 주식회사형, 공사형으로 구분되고, 주식회사형과 공사형의 직원은 회사원이므로 행정기관에 적용되는 조직·인사 원칙이 적용되지 않음. ① **정부부처형**: 구성원은 공무원이며, 정부기업 및 책임운영기관이 해당 ② **주식회사형**: 정부가 주식의 전부 또는 일부를 소유하는 형태 ③ **공사형**: 원칙적으로 전액 정부가 투자하는 정부소유의 기업

2 **정부기업**(정부기업예산법): 정부 부처 형태

> 기업형태로 운영하는 우편사업, 우체국예금사업, 양곡관리사업 및 조달사업을 의미하며 정부기업별로 특별회계를 설치

3 **책임운영기관**(책임운영기관의 설치·운영에 관한 법률): 정부 부처 형태

> • 기관장에게 운영의 자율성을 보장하고 기관 운영 성과에 대해 책임을 지도록 하는 기관으로, 중앙책임운영기관(특허청)과 소속책임운영기관으로 구분됨.
> • 기관장은 임기제공무원으로 임용하고 근무기간은 5년의 범위에서 소속중앙행정기관의 장이 정하되, 최소한 2년 이상으로 하여야 함.
> • 직원의 임용시험은 책임운영기관의 장이 담당하고, 총정원은 대통령령으로 정함.

4-1 공공기관 : 공사형, 주식회사형 공기업 등

- 기획재정부장관은 국가·지방자치단체가 아닌 법인·단체 또는 기관으로서, 다른 법률에 따라 직접 설립되고 정부가 출연한 기관, 정부지원액이 총수입액의 2분의 1을 초과하는 기관 등을 공공기관으로 지정할 수 있음.
  ⊕ 다만, 구성원 상호 간의 상호부조·복리증진·권익향상 또는 영업질서 유지 등을 목적으로 설립된 기관, 지방자치단체가 설립하고 그 운영에 관여하는 기관, 한국방송공사, 한국교육방송공사는 공공기관으로 지정할 수 없음.
- 공기업·준정부기관에 임원으로 기관장을 포함한 이사와 감사를 두고, 공기업의 장은 임원추천위원회가 복수로 추천하여 운영위원회의 심의·의결을 거친 사람 중에서 주무기관의 장의 제청으로 대통령이 임명, 다만 총수입액이 1천억원 미만이거나 직원 정원이 500명 미만인 공기업의 장은 임원추천위원회가 복수로 추천하여 운영위원회의 심의·의결을 거친 사람 중에서 주무기관의 장이 임명
- 공기업의 상임이사는 공기업의 장이 임명하되, 감사위원회의 감사위원이 되는 상임이사는 대통령 또는 기획재정부장관이 임명
- 공기업의 감사는 임원추천위원회가 복수로 추천하여 운영위원회의 심의·의결을 거친 사람 중에서 기획재정부장관의 제청으로 대통령이 임명

4-2 공공기관의 구분

구분	공공기관		
기준	직원 정원이 300인 이상 & 자산규모가 30억원 이상 & 총수입액이 200억원 이상		
기준	자체수입액이 총수입액의 2분의 1 이상 (기금을 관리하거나 기금의 관리를 위탁받은 공공기관의 경우 100분의 85이상)	자체수입액이 총수입액의 2분의 1 미만	

구분	공기업		준정부기관		
기준	자산규모 2조 이상 & 총수입액 중 자체수입액이 100분의 85 이상	자산규모 또는 자체수입이 해당 비율 미만인 경우	기금을 관리하거나 기금의 관리를 위탁	기금 이외	
구분	시장형 공기업	준시장형 공기업	기금관리형 준정부기관	위탁집행형 준정부기관	기타 공공기관

4-3 공공기관 지정현황

- **시장형 공기업** : 한국가스공사, 한국석유공사, 한국전력공사, 인천국제공항공사 등
- **준시장형 공기업** : 한국조폐공사, 한국마사회, 한국토지주택공사, 한국도로공사 등
- **기금관리형** : 예금보험공사, 국민연금공단, 신용보증기금, 공무원연금공단 등
- **위탁집행형** : 한국농어촌공사, 한국연구재단, 도로교통공단, 한국소비자원 등
- **기타공공기관** : 국립중앙의료원 등
  ⊕ 2023년 부산항만공사, 서민금융진흥원이 기타공공기관으로 지정되었음.

Theme 18 조직의 목표

조직목표의 기능	일체감, 성과를 평가하는 기준, 조직활동의 방향, 조직이 존재하는 정당성		
조직목표의 모호성	조직원들이 조직목표를 여러 가지로 받아들이고 해석하는 것을 의미 ↔ 조직목표의 일치: 조직원들이 동일한 목표를 공유하는 정도 ① 사명 이해 모호성: 조직원이 조직의 사명을 이해하고 설명하고 의사소통하는 과정에서 자신의 업무가 무엇인지를 각자 다르게 이해 ② 지시적 모호성: 사명을 달성하기 위한 구체적 행동지침으로 전환하는 데 발생하는 다양한 경쟁적인 해석의 정도 ③ 평가적 모호성: 사명을 얼마나 달성했는지 평가하는 데 발생하는 경쟁적 해석의 정도 ④ 우선순위 모호성: 다수의 조직목표 중 우선순위를 선정하고 평가하는 데 발생하는 경쟁적 해석의 정도		
조직목표의 변동	• 목표 간의 비중 변동: 여러 개의 조직목표가 있는 경우 상대적인 비중을 변화 • 목표의 다원화 또는 확대: 조직목표 달성이 어려울 때 기존 목표에 새로운 목표를 추가하거나 기존 목표의 범위가 넓어지는 것 • 목표의 승계: 본래 조직목표를 완전히 달성하거나 달성할 수 없을 때, 같은 유형의 다른 목표로 교체하는 것 • 목표의 전환 및 대치: 본래 조직목표 달성이 어려울 때 기존 목표를 새로운 목표로 전환하는 것으로 목표의 전환과 대치는 유사한 의미로 사용되나, 목표의 대치는 원래의 목표가 수단으로 뒤바뀌는 것으로 미헬스의 과두제의 철칙에 가장 부합하는 조직목표 변동		

경쟁가치모형 (퀸과 로보그) (내·인·합·개)	 초점 \ 구조	안정성(통제)	유연성(유동성)
	내부	**내부과정모형** • 목표: 안정성과 균형 • 수단: 정보관리와 의사소통 • 위계지향문화(위계문화)	**인간관계모형** • 목표: 인적자원 개발 • 수단: 응집성, 사기 및 훈련 • 관계지향문화(집단문화)
	외부	**합리적 목표모형** • 목표: 생산성과 능률성, 수익성 • 수단: 계획과 목표 설정 • 과업지향문화(합리문화)	**개방체제모형** • 목표: 성장과 자원확보 • 수단: 외부평가 • 혁신지향문화(발전문화) 🔍 창업단계에 적합

| 미션, 비전, 전략, 핵심가치 | • 미션: 조직이 계획이나 활동을 통해서 달성하고자 하는 결과물로서 조직이 존재하는 이유
• 비전: 조직이 추구하고자 하는 바람직한 미래의 모습
• 전략: 추상적인 비전을 달성하기 위한 구체적인 방법
• 핵심가치: 미션과 비전을 달성하는 과정에서 '어떻게 행동하여야 하는가?'에 대한 기준 | | |

Theme 19 관리과정

목표관리 (MBO)	• 목표의 설정: 계량적으로 측정하기 용이한 단기적·가시적 목표를 설정 • 참여: 개별구성원이 수행해야 할 목표설정과정에 참여하는 상향식 접근 • 평가 및 환류의 강조: 평가 및 환류를 통한 개인의 직무수행능력을 향상 • 성공조건: 설계가 잘 되어 있는 기본적 과정, 안정적이고 예측가능한 조직 내외의 상황
성과관리 (PM)	• 조직의 비전과 목표로부터 이를 달성하기 위한 부서단위의 목표와 성과지표, 개인단위의 목표와 지표를 제시하는 하향식 접근방법 • 측정가능한 목표, 성과의 평가, 성과와 연계된 유인, 평과결과의 환류, 통합적 관리 등이 특징

총체적 품질관리 (TQM)	• 고객 중심주의, 구성원에 대한 권한 부여, 벤치마킹, 무결점을 향한 지속적 개선 등을 통해 고객의 만족과 성과 향상을 모색하는 총체적 생산성 향상 전략 • 고객중심적 서비스와 서비스품질의 제고, 장기적 관점 강조, 서비스 제공 이전의 품질관리체계 강조, 팀워크 강조, 구성원들 사이에 개방적이고 신뢰하는 관계 설정, 과학적 품질관리기법의 활용, 총체적 적용, 분권적 조직구조

≋ 총체적 품질관리와 목표관리

총체적 품질관리(TQM)	목표관리(MBO)
Y이론적 인간관, 분권적 조직관리	
팀 단위 활동	개별 구성원의 활동
고객만족도 중심의 대응성	조직 내부 성과의 효율성

균형성과표 (BSC)	• 재무적 관점과 비재무적 관점에서 기업의 성과를 균형있게 평가하기 위하여, 장기적인 전략을 중심으로 성과지표를 도출하고 그 성과를 평가하는 관리체계 • 추상성이 높은 비전에서부터 구체적인 성과지표로 이어지는 위계적인 체제 • 조직구성원 간 익사소통이 도구, 통합저 균형 • 재무, 고객, 내부프로세스, 학습과 성장이라는 네 가지 관점 간의 균형을 중시

재무적 관점(후행지표)	매출, 자본수익률, 예산 대비 차이
고객 관점	고객만족도, 정책순응도, 민원인의 불만율, 신규 고객의 증감
내부프로세스 관점	의사결정의 시민참여, 적법한 절차, 커뮤니케이션 구조, 공개
학습과 성장 관점	구성원의 역량, 학습동아리 수, 내부 제안 건수, 직무만족도

전략적 관리 (SM)

장기적 관점에서 계획기간을 설정, 목표지향적인 개혁적 관리기법으로 개혁목표지향, 장기적 시간관, 환경분석, 조직역량분석, 전략개발, 조직활동 통합 등이 특징

≋ SWOT 분석(공 · 방 · 다 · 방)

내부 자원·역량 외부 환경	강점(Strength)	약점(Weakness)
기회 (Opportunity)	SO 전략(공격적 전략) 강점을 기반으로 기회 활용	WO 전략(방향전환 전략) 약점을 보완하여 기회 활용
위협 (Threat)	ST 전략(다양화 전략) 강점을 기반으로 위기 극복	WT 전략(방어적 전략) 약점을 보완하여 위기 극복

Theme 20 조직(행정)개혁

의미	• 조직을 개선하기 위한 인위적·의식적·계획적인 노력 • 포괄적 연관성: 조직관리의 기술적인 속성과 함께 권력투쟁, 타협, 설득이 병행되는 정치적·사회심리적 과정으로, 행정 내부·외부와 상호 연결되어 있음. • 동태성: 시간의 흐름에 따라 일어나는 현상으로 의도하지 않은 결과를 초래할 수도 있으며, 부작용과 저항, 나아가 개혁의 실패까지도 나타날 수 있음. • 지속성: 개혁집단에 의해 주도되어 집행되는 연속적인 과정으로, 제도로서 정착되기 위해서는 장기적이고 지속적인 노력이 필요 • 목표지향성: 설정된 목표를 달성하기 위한 인위적·의식적·계획적인 과정

조직개혁의
접근방법
	• 구조적 접근: 명령계통 수정, 통솔 범위 조정, 분권화 수준 조정 등
	• 과정적 접근: 의사전달, 정보관리 등 조직 내의 과정 또는 일의 흐름을 개선
	• 행태적 접근: 인간의 태도와 행동을 개선하려는 것으로 조직발전이 대표적임.
	
	◈ **조직발전**
	
	  • 조직개혁의 행태적 접근방법으로, 지속적이고 장기적인 노력이 필요하며, 조직 내·외부의 컨설턴트를 참여시켜 개혁추진자를 맡게 해야 함.
	  • 조직발전 기법
	    ① 실험실 훈련(laboratory training) = 감수성 훈련 또는 T-집단 훈련
	       피훈련자 간의 자유로운 토론을 통해 자기에 대한 인식과 타인에 대한 이해의 기회를 갖게 하여, 대인관계기술을 향상시키는 교육
	    ② 직무풍요화(job enrichment)
	       직무를 맡는 사람의 책임성과 자율성을 높이고 직무수행에 관한 환류를 원활히 함, 수직적 전문화의 수준이 낮아짐.
	    ③ 직무확장(job enlargement)
	       기존의 직무에 수평적으로 연관된 직무요소 또는 기능들을 추가하는 수평적 직무재설계 방법으로서, 수평적 전문화의 수준이 낮아짐.
	
	• 문화적 접근: 행정문화를 개혁하여 행정체제의 보다 근본적이고 장기적인 개혁을 성취하려는 접근
	• 사업(산출)중심적 접근: 조직의 사업 또는 산출의 개선이 목표
	• 통합적 접근(체계적이고 종합적인 접근): 구조와 인간, 환경의 문제를 체제로 파악하고 상호 관련성을 고려하는 접근

조직개혁의
저항과 극복
	• 저항의 원인: 개혁에 대한 조직 간 갈등, 현상유지적 조직문화 등
	• 저항의 극복
	  ① 강제적 방법: 직접적인 위협이나 권력행위를 사용하는 방법으로, 큰 저항을 야기할 위험이 있음, 명령, 제재, 긴장조성, 권력구조 개편 등
	  ② 공리적·기술적 방법: 보상을 제공하여 저항을 극복하는 전략으로 개혁의 시기 조절, 경제적 손실에 대한 보상, 임용상 불이익 방지 등
	  ③ 규범적·사회적 방법: 구성원들의 인식이나 가치관을 변화시켜 저항을 극복하는 가장 근본적인 방법, 개혁지도자의 신망 개선, 의사전달과 참여의 활성화, 사명감 고취와 자존적 욕구의 충족, 교육훈련, 자기계발 기회 제공 등

국가별 행정개혁	• 영·미 등 주요 선진국은 성과를 중시하고, 책임성과 효율성을 동시에 강조 • 미국(클린턴 행정부시절 신공공관리론에 입각한 혁신 단행), 영국(신자유주의에 입각하여 민영화나 결과지향적 행정), 일본(중앙집권적 행정혁신) • 우리나라: 김영삼 정부(행정쇄신위원회, 지방분권화), 김대중 정부(정부혁신추진위원회, 신공공관리적 행정개혁), 노무현정부(정부혁신지방분권위원회, 지방분권, 4대 재정개혁, 고위공무원단), 이명박 정부(민영화, 통폐합 등), 박근혜 정부(정부 3.0), 문재인 정부(열린혁신), 윤석열 정부(정부혁신 3대 전략으로 선제적 서비스, 소통과 협력, 유능한 정부)

인사행정

Theme 01 인사행정의 발달

직업공무원제	• 유능하고 젊은 사람을 실적에 따라 채용하여 장기 근무를 장려, 절대왕정시기의 관료제에 염원을 두고 있음. • 폐쇄형 충원 및 계급제, 신분보장, 일반행정가 양성, 채용 시 발전가능성과 잠재력이 중요 • 공직에 대한 높은 사회적 평가, 공무원 인력계획에 대한 장기적인 계획 수립, 능력 발전의 공정한 기회제공, 신분보장·적절한 보수·연금 등이 필요 • 단점의 보완 : 개방형 인사제도, 계약제 임용제도, 계급정년제의 도입 등
엽관주의	• 정당에 대한 충성도와 공헌도가 공직임용의 기준, 관료기구와 집권정당의 동질성 확보, 관직은 선거에서 승리한 정당의 전리품(spoils) • 관료들의 정치적 책임성·국민에 대한 대응성·충성심 확보, 지도자의 국정지도력 강화, 행정의 민주화에 공헌, 우리나라의 정무직 및 개방형 임용 • 행정의 안정성 및 지속성을 확보하기 어려움, 행정의 전문성과 공무원의 정치적 중립성을 저해, 부정부패 및 관직의 남설 가능성
실적주의	• (형식적) 기회균등, 신분보장, 정치적 중립, 실적에 의한 임용 • 영국에서 1870년 추밀원령을 통해 실적주의를 확립, 미국은 1881년 가필드 대통령이 암살되는 것을 계기로 1883년 펜들턴법(공개경쟁채용시험, 독립적 인사위원회 설치, 공무원의 정치활동 금지 등)이 제정 • 중앙인사기관의 권한과 기능을 강화, 사회적 약자의 공직진출을 제약
대표관료제	• 영국학자 킹슬리가 처음 사용한 용어로 정부 관료제 구성에서 사회 내 주요 세력의 분포를 반영하여 민주적 가치를 주입하려고 함, 크랜츠는 비례대표(직무 분야와 계급의 구성 비율까지도 총인구 비율에 맞추어 구성)로까지 확대, 라이퍼는 이 제도의 개념을 확대해 사회적 가치도 포함 • 실적주의의 폐단(형식적 기회균등) 보완과 임명직 관료집단이 민주적 방법으로 행동하도록 하기 위한 방안(국민에 대한 대응성 확보) • 미국의 적극적 조치(고용상의 차별을 받아오던 소수집단에 대한 우대정책) • 우리나라의 대표관료제 성격의 균형인사정책 : 장애인 채용목표제, 지역인재 할당제, 여성관리자 임용목표제, 저소득층 채용목표제, 양성채용목표제 등 ⊕ 균형인사정책은 대표관료제에 비해 여성, 장애인, 지방 인재 등 상대적으로 사회적 소외집단에 대한 배려를 강조 • 역차별 발생 우려, 동질화 가능성, 행정능률의 저하, 공무원의 정치적 중립 윤리와 상호 모순, 천부적 자유의 개념과 상충, 출신별 집단이기주의화 가능성

기타 논의	• 연공주의와 성과주의 ① 연공주의 : 태도와 근속연수를 강조, 계층적 서열구조 확립 ② 성과주의 : 성과와 능력을 강조, 조직 내 경쟁 및 성과에 따른 보상 • 전략적 인적자원 관리 : 장기적이며 목표 · 성과 중심, 인사업무 책임자가 조직 전략 수립에 관여, 조직의 전략 및 성과와 인적자원관리 간의 연계 • 다양성 관리 ① 내적 · 외적 차이를 가진 다양한 조직구성원을 공평하고 효율적으로 활용하기 위한 체계적인 인적자원관리 과정 ② 균형인사정책, 일과 삶 균형정책은 다양성의 관리 방안으로 볼 수 있고, 조직 내 다양성 증대는 실적주의와 충돌할 가능성이 있음.

Theme 02 고위공무원단

의미	국가의 고위공무원을 범정부적 차원에서 하나의 풀(pool)로 운영하는 제도
미국의 고위공무원단	카터 행정부 시기인 1978년 공무원제도개혁법의 개정에 따라 탄생된 SES(Senior Executive Service)가 시초이며, 엽관주의제적 요소도 포함

우리나라
고위공무원단
	• 노무현 정부 시기인 2006년 7월 고위공무원단 인사규정이 시행되면서 시작
	• 개방형 직위(20%), 공모직위(30%), 자율임용(50%)으로 충원
	• 성과계약 등 평가에 따라 직무성과급적 연봉제가 적용
	• 일반직 공무원, 외무직 공무원, 국가공무원으로 보하는 부단체장 및 부교육감 등도 포함 (단 지방공무원은 적용대상이 아님.)
	• 고위직의 개방 확대 및 책임성 확대, 민간전문가의 고위직 임용가능성 증가
	• 일반직공무원은 소속 장관의 제청으로 인사혁신처장과 협의를 거친 후에 국무총리를 거쳐 대통령이 임용
	• 고위공무원단에 속하는 일반직공무원의 경우 소속 장관은 해당 기관에 소속되지 아니한 공무원에 대하여도 임용제청할 수 있음.
	• 적격심사를 통해 직권면직을 제청하거나 강임을 제청할 수 있으므로 신분보장은 약화
	• 2009년 5등급에서 현재의 2등급(가급, 나급)으로 변경
	• 승진임용은 고위공무원단 후보자 중에서 승진심사를 거쳐야 함.
	  ⊕ 고위공무원단 후보자 : 역량평가를 통과한 3급 공무원, 4급 공무원 중 해당 계급에서 5년 이상 재직한 사람 등이 포함
	
	  ≋ 역량평가
	
	    ┌─────────────────────────────────────┐
	    • 고위공무원으로서 요구되는 역량을 구비했는지를 검증
	    • 단순한 근무실적 수준을 넘어 공무원에게 요구되는 해당업무 수행을 위한 충분한 능력을 보유하고 있는지에 대한 평가
	    • 실제 업무와 유사한 모의상황에서 나타나는 평가 대상자의 행동 특성을 다수의 평가자가 합의하여 평가
	    • 미래 행동에 대한 잠재력을 측정
	    • 문제인식, 전략적 사고, 성과지향, 변화관리, 고객만족, 조정 · 통합

Theme 03 중앙인사기관

중앙인사기관의 형태	• **독립합의형**: 결정의 신중함과 다양한 이익집단의 요구를 수용할 수 있고, 인사행정의 정치적 중립성 및 공정성 확보가 용이하여 실적제에 유리함. 예 미국의 연방인사위원회 및 실적제보호위원회, 일본의 인사원 • **비독립단독형**: 의사결정의 신속함, 명확한 책임소재, 인적자원의 안정적·합리적 관리가 어려움, 행정수반이 인사관리에 직접적인 책임을 지고 인사기관의 장은 행정수반을 보좌함. 예 우리나라 인사혁신처, 미국 인사관리처, 영국 내각사무처(공무원장관실), 일본 총무성 • **비독립합의형**: 예 2008년까지 존속했던 우리나라의 중앙인사위원회 • **독립단독형**: 예 미국의 특별법무관실

독립성 \ 의사결정방법	합의(위원회)	단독(부처)
독립	독립합의형	독립단독형
비독립	비독립합의형	비독립단독형

중앙인사기관의 기능	• **준입법기능**: 법률의 범위 안에서 규칙을 제정 • **준사법기능**: 공무원에 대한 징계처분 등을 구제하는 소청제도 • **집행기능**: 공무원의 채용 및 교육훈련 등을 실시 • **감사기능**: 각 행정기관이 인사관련 규정을 준수하는지 점검 • **보좌기능**: 인사행정에 관하여 행정수반에 보고 및 권고 등
우리나라의 중앙인사관장기관	인사혁신처장, 국회사무총장, 법원행정처장, 헌법재판소사무처장, 중앙선거관리위원회 사무총장
우리나라 중앙인사기관의 변천	• 고시위원회와 총무처(1948년) • 국무원 사무국(1955년) • 국무원 사무처(1960년)와 내각 사무처(1961년) • 총무처(1963년) • 행정자치부(1998년) • 중앙인사위원회와 행정자치부(1999년) • 중앙인사위원회(2004년) • 행정안전부(2008년) • 안전행정부(2013년) • 인사혁신처(2014년~)

Theme 04 우리나라 공무원의 종류

1 경력직 공무원 : 실적과 자격에 따라 임용되고 그 신분이 보장

일반직 공무원	행정·기술직군으로 분류되는 공무원, 특수 업무 분야에 종사하는 공무원(전문경력관), 연구·지도·특수기술 직렬의 공무원(연구관 등), 우정공무원, 경력직 공무원을 임용할 때에 일정기간을 정하여 근무하는 공무원(임기제 공무원), 전보의 범위가 특정 전문분야로 제한되어 인사관리되는 공무원(전문직 공무원) • **전문경력관** 　① 소속 장관은 순환보직이 곤란하거나 장기 재직 등이 필요한 특수 업무 분야의 직위를 전문경력관직위로 지정할 수 있음. 　② 임용권자는 전직시험을 거쳐 전문경력관을 다른 일반직 공무원으로 전직시킬 수 있음. 　③ 직무의 특성·난이도 및 직무에 요구되는 숙련도 등에 따라 가, 나군 및 다군으로 구분됨. • **시간선택제 공무원제도** 　① 주당 15시간 이상 35시간 이하를 근무하는 일반직 공무원을 채용하는 제도로, 유연근무제와 정부의 일자리 나누기 정책의 일환으로 2014년 국가, 지방직 공무원 시험부터 실시 　② 시간선택제채용공무원을 통상적인 근무시간 동안 근무하는 공무원으로 임용하는 경우 어떠한 우선권도 인정하지 않음.
특정직 공무원	경찰, 군무원, 군인, 법관, 검사, 외무공무원, 소방, 교육, 헌법재판소 헌법연구관, 국가정보원의 직원, 경호공무원, 교원 및 조교, 자치경찰공무원, 공립대학에 근무하는 교육공무원, 교육감 소속의 교육공무원 등

2 특수경력직 공무원 : 실적제의 획일적 적용을 받지 않고, 신분보장이 되지 않음.

정무직 공무원	• 선거로 취임하거나 임명할 때 국회의 동의가 필요한 공무원 : 대통령, 국회의원, 단체장, 교육감, 지방의회 의원, 국무총리, 감사원장, 헌법재판소장 등 • 고도의 정책결정 업무를 담당하거나 이러한 업무를 보조하는 공무원 : 감사원 감사위원 및 사무총장, 민정수석비서관, 중앙선거관리위원회 상임위원·사무총장·사무차장, 헌법재판소 사무차장, 국무조정실장 및 차장, 국가정보원 차장 등 장관 및 차관급 공무원
별정직 공무원	비서관·비서 등 보좌업무 등을 수행하거나 특정한 업무 수행을 위하여 법령에서 별정직으로 지정하는 공무원 : 국회수석전문위원, 국회의원 비서관

Theme 05 계급제와 직위분류제

1 계급제와 직위분류제

계급제	• 공무원의 자격과 능력을 기준으로 계급을 설정하고 이에 따라 공직을 분류 • 폐쇄형 충원, 신분보장, 직업공무원제 확립, 순환보직, 일반행정가 양성 • 유연한 인사행정과 공무원 간 협력에 유리한 반면에 해당 직무에 적임자의 임용이 보장되지 않음. • 한정된 계급범위에서만 승진이 가능하고, 계급을 신분과 동일시하려는 경향
직위분류제	• 직무와 그 직무수행에 수반되는 책임을 기준으로 분류 • 전문행정가, 직무 한계와 책임 소재가 명확, 직업훈련의 필요성이 계급제보다 덜함, 조직 내 인력 배치의 신축성이 부족, 과학적 관리론, 보수의 형평성(직무급 결정에 타당한 자료 제공 가능), 실적주의와 개방형 인사의 엽관제 요소가 모두 있음. ⓠ 우리나라는 계급제를 기본으로 직위분류제적인 요소를 가미

2 직위의 분류 단계(직무조사 → 직무분석 → 직무평가 → 직급명세서 작성 → 정급)

직무조사	정보수집 단계로 관찰, 면접, 설문지, 일지기록법 등을 활용
직무분석	≋ **직무를 종류별로 구분하는 단계** ① 직군 : 직무의 성격이 유사한 직렬의 군으로 행정직군, 과학·기술직군 등 ② 직렬 : 직무의 종류가 유사하고 그 책임과 곤란성의 정도가 서로 다른 직급의 군으로, 행정직렬, 세무직렬, 관세직렬, 교정직렬 등 ③ 직류 : 같은 직렬 내에서 담당 분야가 같은 직무의 군으로 일반행정직류 등
직무평가	• 직위의 상대적 수준과 등급을 구분하여, 공정한 보수를 제공하는데 필요 • **직무등급** : 직무의 종류는 다양하지만, 직무의 곤란성과 책임도가 상당히 유사하여 동일한 보수를 지급할 수 있는 직위의 횡적인 군 • **직급** : 직무의 종류·곤란성과 책임도가 상당히 유사한 직위의 군으로 채용과 보수 등에서 동일하게 다룰 수 있음. ≋ **직무평가방법** • **비계량적 방법** ① 서열법(상대평가) : 직무 상호 간에 직무전체의 중요도를 비교 ② 분류법(절대평가) : 등급기준표와 비교하여 평가 • **계량적 방법** ① 점수법(절대평가) : 요소별 점수를 합산한 총점 ② 요소비교법(상대평가) : 기준 직무(key job)를 정해놓고 각 요소별로 평가할 직무와 기준 직무를 비교, 가장 늦게 고안된 방법
직급명세서	분류한 직위의 직급 명칭, 직무 개요 등을 기술하는 단계
정급	직위를 직급 또는 직무등급에 배정

Theme 06 공무원의 임용 등

1 폐쇄형 vs 개방형 임용제도

폐쇄형	일반행정가, 신분보장 및 행정의 안정성, 소속감이 높음, 재직자의 승진 및 경력발전의 기회가 많음.
개방형	전문행정가, 직위분류제에 바탕, 기존 관료들에게 승진 기회 축소와 불안감 및 사기 저하 가능성, 정실주의로 전락할 가능성

2 우리나라의 개방형 임용제도(개방형 직위 및 공모 직위의 운영 등에 관한 규정)

개방형 직위	• 전문성이나 효율적인 정책 수립이 필요하다고 판단되어, 공직 내부나 외부에서 적격자를 임용할 필요가 있는 직위에 활용 • 소속장관은 고위공무원단 및 과장급 직위 총수의 20% 범위에서 지정 • 공직 외부의 경험과 전문성이 필요한 경력개방형은 공직 외부에서만 선발
공모 직위	• 효율적인 정책 수립 또는 관리를 위하여 내부 또는 외부의 공무원 중 선발 • 소속 장관은 고위공무원단 30%, 과장급 직위 총수의 20% 범위에서 지정함. 또한, 효율적인 업무 수행을 지원하기 위하여 4급 및 5급 경력직공무원 또는 이에 상당하는 공무원으로 "담당급직위"를 공모 직위로 지정

🔍 공무원이 개방형 직위나 공모 직위를 통해 임용된 경우 임용기간 만료 후 원소속으로 복귀 가능

3 인사이동

승진	직무의 곤란도와 책임의 증대, 보수의 증액을 수반하는 수직적 이동
전직	직렬을 달리하는 임명으로 수평적 이동
전보	같은 직급 내에서 직위 등을 변경하는 것으로 수평적 이동
배치전환	수평적 인사이동으로 '전직과 전보'를 의미, 선발에서의 불완전성을 보완, 조직구조 변화에 따른 저항을 줄이고 비용 절감, 부서 간 업무 협조 유도, 구성원 간 갈등 해소 등
전입·전출	인사 관할을 달리하는 기관 사이의 수평적 인사이동
승급	계급이나 직책의 변동을 수반하지 않는 보수 인상
겸임	경력직공무원을 대학 교수 등과 겸임하게 할 수 있고, 원칙적으로 2년으로 하되 2년 연장 가능
특별승진임용, 일반승진시험 우선 응시	청렴하고 투철한 봉사 정신으로 직무에 모든 힘을 다하며 공무 집행의 공정성을 유지하고 깨끗한 공직 사회를 구현하는 데 다른 공무원의 귀감이 되는 경우에 부여
육아휴직 제도	만 8세 이하(취학 중인 경우에는 초등학교 2학년 이하)의 자녀를 양육하기 위하여 필요하거나 여성공무원이 임신 또는 출산하게 되어 휴직을 원하면 대통령령으로 정하는 특별한 사정이 없으면 휴직을 명하여야 함.

4 국회 인사청문제도

인사청문 특별위원회의 심사대상	국회의 동의가 필요한 대법원장·헌법재판소장·국무총리·감사원장 및 대법관에 대한 임명동의안, 국회에서 선출하는 헌법재판소 재판관 및 중앙선거관리위원회 위원에 대한 선출안
소관 상임위원회의 심사대상	• 대통령이 임명하는 헌법재판소 재판관, 중앙선거관리위원회 위원, 국무위원, 방송통신위원회 위원장, 국가정보원장, 공정거래위원회 위원장, 금융위원회 위원장, 국가인권위원회 위원장, 고위공직자범죄수사처장, 국세청장, 검찰총장, 경찰청장, 합동참모의장, 한국은행 총재, 특별감찰관 또는 한국방송공사 사장의 후보자 • 대통령당선인이 지명하는 국무위원 후보자 • 대법원장이 지명하는 헌법재판소 재판관 또는 중앙선거관리위원회 위원의 후보자 🔍 소관 상임위원회가 경과 보고서를 채택하지 않더라도, 대통령이 후보자를 임명하는 것을 막을 수 없음.

5 채용시험의 타당도와 신뢰성

타당도와 신뢰성	타당도는 시험과 기준의 관계를 의미하지만, 신뢰성은 시험 그 자체의 문제
타당도	• 기준타당도 : 어떤 개념의 측정지표와 이미 타당성이 검증된 다른 기준과의 상관성 정도로, 동시적 타당도와 예측적 타당도로 구분할 수 있음. • 내용타당도 : 시험의 구체적 내용이나 항목이 직무의 성공적 임무수행에 얼마나 적합한지를 판단 • 구성타당도 : 추상적인 개념과 측정지표 간의 일치 정도
신뢰성	시험문제의 내적 일관성과 시험내용의 동질성을 확인 ① 재시험법 : 같은 시험을 같은 집단에 시간 간격을 두고 두 번 실시하여 성적을 비교한 결과 비슷한 성적 분포를 이루면 신뢰도가 높음. ② 동질이형법 : 내용과 난이도에 있어 동질적인 A, B책형을 시험을 보게 한 후 두 책형이 비슷한 성적 분포를 이루면 신뢰도가 높음. ③ 이분법 : 하나의 측정도구(시험문제)를 반으로 나누어 측정한 후 두 성적 간 상관관계를 분석하여 비슷한 성적 분포를 이루면 신뢰도가 높음.

6 기타 사항

공무원의 경력개발	• 적재적소의 원칙: 조직 내에 있는 직무의 자격 · 능력요건과 공무원의 적성 · 능력에 대한 정보를 충분히 파악 후 적합한 인력을 배치 • 인재양성의 원칙: 조직 내부에서 필요한 인재를 양성 • 직무중심의 원칙: 직급보다 직무에서 요구되는 역량의 개발이 중심 • 승진(보직) 경로의 원칙: 직위를 수 개의 전문 분야와 공통 분야로 구분하고, 특정 공무원의 경력 · 전공 등을 종합적으로 고려하여 전문 분야를 지정
면접시험 평정요소	소통 · 공감, 헌신 · 열정, 창의 · 혁신, 윤리 · 책임 🔍 시험실시기관의 장이 필요하다고 인정하는 경우 평정요소를 추가할 수 있음.
시보 임용	• 공무원으로서 적격성 여부를 판단하는 선발과정의 일부로써, 시보 임용기간 동안 시보공무원에게 행정실무의 습득기회를 제공 • 시보 기간 중 근무성적이 좋으면 정규공무원으로 임용되므로, 신분보장이 제한적(채용후보자 → 시보 임용 → 정규공무원 임용) • 시보 기간: 5급 공무원 신규 채용(1년), 6급 이하의 공무원 신규 채용(6개월) • 임용권자는 시보임용 기간 중에 있는 공무원의 근무상황을 지도 · 감독

Theme 07 공무원 교육훈련

1 공무원 교육훈련의 종류

현장교육 (직장 내 교육)	• 실제 직무를 수행하면서 배우는 방법으로, 감독자의 능력과 기법에 따라 훈련성과가 달라지며 많은 사람을 동시에 교육하기 어려움. • 실무지도: 일상근무 중에 상관이 부하에게 직무수행에 관한 기술을 가르쳐 주거나 질문에 답하는 것 • 직무순환: 여러 직무를 직접 경험하여 조직의 전반적인 업무를 익히게 하는 것 • 실무수습: 특정분야에 대한 이해와 간단한 업무를 경험할 수 있는 기회를 제공
교육원 훈련	• 감수성 훈련(T집단 훈련 또는 실험실 훈련): 조직발전 기법, 자기에 대한 인식과 타인에 대한 이해, 태도와 행동의 변화, 대인관계기술의 향상 • 액션러닝: 문제를 해결해 내고 그 과정에서 성찰을 통해 학습, 주로 관리자훈련에 사용하며 미국 GE, 삼성 등 국내 대기업도 도입 • 프로그램화 학습: 학습지침을 제공하는 책자나 컴퓨터 프로그램을 이용 • 사례연구: 실제 사례 또는 가상의 시나리오를 가지고 문제해결 방식을 학습 • 역할연기: 사례나 문제에서 어떠한 역할을 실제로 연기해 보고 당면한 문제를 체험해 보는 교육으로서, 보통 자신과 반대되는 입장의 역할이 부여됨. • 모의연습: 피훈련자가 가상의 상황에 대처하도록 하는 훈련 방법, 사례연구, 역할연기, 감수성 훈련 등

2 교육훈련 목적에 따른 분류

지식의 습득	강의, 토론회, 사례연구, 시찰, 시청각교육
기술의 연마	사례연구, 모의연습, 현장훈련, 전보·순환보직, 실무수습
태도나 행동의 변화	사례연구, 역할연기, 감수성 훈련, 회의

3 공무원 교육훈련에 대한 저항

공무원 차원	교육훈련 결과의 인사관리 반영 미흡, 교육훈련 발령을 불리한 인사조치로 이해하는 경향, 장기간의 훈련인 경우 복귀 시 보직 문제에 대한 불안감
조직차원	조직성과의 저하 및 훈련비용 발생

4 역량기반 교육훈련

역량이란?	• 맥클랜드는 우수성과자의 인사 관련 행태를 역량으로 규정 • 전체 구성원에게 적용되는 **공통역량**, 원활한 조직운영을 위한 **관리역량**, 전문적 직무수행을 위한 **전문역량**으로 구성
액션러닝	문제를 해결해 내고 그 과정에서 성찰을 통해 학습, 주로 관리자훈련에 사용하며 미국 GE, 삼성 등 국내 대기업도 도입
학습조직	정보화시대에 관료제모형의 대안으로써, 조직구성원들이 함께 배우고 변화하는 조직학습에 유리한 조건을 구비한 조직
멘토링	경험이 많은 멘토가 멘티를 일대일로 지도하여 역량을 향상시키는 방식
워크아웃 프로그램	1980년대 미국의 GE사에 의해 개발된 것으로 조직의 직급이나 기능 등의 장벽을 제거하고, 구성원들의 참여를 통한 혁신, 리더의 신속한 의사결정 등을 향상시키는 방식

Theme 08 근무성적평정

1 근무성적평정 개요

• 공무원 개인의 능력, 가치, 근무성적을 평가하여 보수와 승진 등의 인사행정에 반영하고, 감독자로서의 상급자와 하급자 간의 의사 전달과 인간관계 개선에 도움을 줄 수 있음.
• 근무성적평정 요소에는 직무수행실적과 개인의 능력 외에 태도도 포함할 수 있음.
• 평정자에 따라 자기평정법, 동료평정법, 감독자평정법, 부하평정법, 다면평정법으로 구분

2 근무성적평정 방법

도표식 평정척도법	• 평가자의 직관과 선험을 바탕으로 하여 평가요소가 결정되어 작성이 빠르고 쉬우며 경제적임, 자의적 해석에 의한 평가가 이루어지기 쉬움. • 연쇄화, 관대화, 집중화가 나타나기 쉬움.
강제배분법	성적분포가 과도하게 집중되는 것을 방지하기 위해 등급별로 비율을 정하여 준수하도록 하는 방법
산출기록법	일정한 업무량을 달성하는 데 소요된 시간을 계산하여 평정하는 방법
서열법	쌍쌍비교법, 대인비교법 등 피평정자 간의 근무성적을 비교하는 방법
목표관리제 평정법	명확한 목표를 설정하고 그 결과를 보상에 반영, 개인 간 비교는 어려움.
체크리스트 평정법	평정요소에 대한 설명 또는 질문을 보고 피평정자에게 해당하는 것을 골라 표시하는 방법으로, 평정항목을 만들기가 힘들 뿐만 아니라, 질문 항목이 많을 경우 평정자가 곤란을 겪게 됨.
중요사건기록법	피평정자의 근무실적에 큰 영향을 주는 사건들을 평정자로 하여금 기술하게 하는 방법으로, 평정자가 중요하게 생각하는 훌륭하거나 나쁜 행동을 대표하는 이례적인 행동이 강조될 위험이 있음.
행태기준척도법	가장 이상적인 과업수행 행태에서부터 가장 바람직하지 못한 과업수행 행태까지를 몇 개의 등급으로 구분하는 방법으로 도표식 평정척도법에 중요사건기록법을 가미
행태관찰척도법	성과와 관련된 직무행태를 관찰하여 활동의 발생빈도를 측정하는 방법
강제선택법	피평정자의 특성에 가까운 것을 강제적으로 선택하게 하는 방법

3 평정의 오류

연쇄효과	가장 중요한 평정요소에 대한 평가가 다른 평정요소에도 영향을 미치는 오류
총계적 오류	관대화 및 엄격화 경향이 불규칙하게 나타나는 오류
규칙적 또는 일관적 오류	언제나 좋은 점수 또는 나쁜 점수를 주는 오류
관대화 경향	평가 결과의 분포가 우수한 쪽에 집중되는 경향
엄격화 경향	평가 결과의 분포가 낮은 쪽에 집중되는 경향
집중화 경향	중간 수준의 점수를 주는 경향
선입견에 의한 오류	성별·출신학교 등에 대해 평정자가 가지는 편견이 평정에 영향, 고정관념에 의한 오류[상동적 오차(error of stereotyping)]가 대표적
시간적 오류	초기의 업적에 영향을 크게 받는 첫머리 효과(primacy effect), 최근 실적을 중심으로 평가하는 근접(막바지) 효과(recency effect)
대비오류	피평정자를 바로 이전의 피평정자와 비교함으로써 발생하는 오류

4 공무원 성과평가 등에 관한 규정

우리나라 근무성적평정 제도	• 근무성적평정의 종류 ① 4급 이상(고위공무원단 포함): 성과계약 등 평가(연 1회, 12. 31. 기준) ② 5급 이하: 근무성적평가(연 2회, 6. 30. / 12. 31. 기준) • 평가자: 상급 또는 상위 감독자, 확인자: 평가자의 상급 또는 상위 감독자 • 인사혁신처장이 정하는 범위에서 직무수행태도(10% 이내) 또는 부서 단위의 운영 평가 결과를 평가항목(30% 이내)에 추가할 수 있음. • 근무성적평가는 직급별로 구성한 평가 단위별로 실시하되, 소속 장관은 직무의 유사 성 및 직급별 인원수 등을 고려하여 평가단위를 달리 정할 수 있음. • 평가자는 근무성적평정 대상 공무원과 성과면담을 실시하여야 함.
직무성과계약제	• 장·차관 등 기관 책임자와 실·국장, 과장 간에 업무수행과 관련된 성과목표 및 지 표 등의 내용을 사전에 협의하여 이를 토대로 승진·보상에 반영 • 주로 개인의 성과평가제도로 하향식으로 계약 체결

5 다면평가제도(집단평정법)

의미	• 여러 사람을 평정자로 활용함으로써 소수 평정자의 주관과 편견, 그들 간의 개인 편 차를 줄여 공정성을 높일 수 있는 제도 • 우리나라의 경우 소속 장관은 상급 또는 상위 공무원, 동료, 하급 또는 하위 공무원 및 민원인(고객) 등에 의한 다면평가를 실시할 수 있음.
특징	• 평가의 객관성과 공정성, 신뢰성, 수용성을 높일 수 있음. • 업무의 효율성과 상호 간 이해의 폭을 높일 수 있음. • 계층구조의 완화와 팀워크가 강조되는 조직유형에 적합한 평가제도 • 평가결과의 환류를 통하여 평가대상자의 자기역량 강화 • 평가항목을 부처별, 직급별, 직종별 특성에 따라 다양하게 설계해야 함. • 공무원의 국민에 대한 충성심 강화, 평정에 대한 관심과 지지 확보 • 우리나라는 다면평정결과를 역량개발, 교육훈련, 승진, 전보, 성과급 지급 등에 활용 가능하고, 다면평가결과는 해당 공무원에게 공개할 수 있음.
단점	능력보다는 인간관계에 따른 친밀도로 평가, 상급자가 업무추진보다는 부하의 눈치를 의식, 업무목표의 성취보다 원만한 대인관계 유지에 급급하도록 만들 우려, 참여의 범 위가 지나치게 확대될 경우 피평가자를 잘 모르는 상태에서 평가

Theme 09 공무원 보수

1 공무원 보수 관련 용어

보수의 결정	일반의 표준 생계비, 물가 수준, 민간 부문의 임금 수준과 적절한 균형
관련 용어	• 실적급(성과급): 개인이나 집단의 근무실적에 따른 보수 • 생활급: 생계비를 기준으로 하는 보수로서 기본적인 생활을 보장 • 연공급(근속급): 근속연수와 같은 인적 요소를 기준으로 하는 보수 • 직능급 vs 직무급: 수행능력에 따른 보수 vs 난이도와 책임에 따른 보수
연봉제	• 연봉제의 종류 　① 정무직: 고정급적 연봉제(기본연봉) 　② 고위공무원단: 직무성과급적 연봉제 = 기본연봉(기준급 + 직무급) + 성과연봉 　③ 5급 이상: 성과급적 연봉제(기본연봉 + 성과연봉) • 고위공무원에 대해서는 직무성과급적 연봉제를 적용하되, 대통령경호처 직원 중 고위공무원단에 속하는 별정직공무원에 대해서는 호봉제를 적용 • 기본연봉은 경력 및 누적성과를 반영하여 책정되는 기준급과 직무의 곤란성 및 책임의 정도를 반영하여 직무등급에 따라 책정되는 직무급으로 구성 • 실적주의 및 직위분류제 강화, 직업공무원제 및 계급제 약화, 공동체의식이나 팀정신 약화 • 우리나라의 경우 연봉액을 1년 단위로 책정하여 12개월로 나누어서 지급
성과상여금제	6급 이하 공무원에 대해서는 호봉제 하에서 성과에 따라 급여를 차등지급

2 총액인건비제도

의미	• 예산 당국은 각 행정기관별 인건비 예산의 총액만을 관리하고, 각 행정기관이 인건비 한도에서 인력의 규모와 종류를 결정하는 제도 • 각 행정기관은 국 아래에 두는 보조기관에 대한 기구 설치 및 인건비 배분의 자율성을 가지며, 2007년 노무현 정부에서 전 중앙행정기관을 대상으로 도입
특징	• 정원 및 보수 등의 관리에 대한 각 부처의 자율성 확대를 목표 • 시행기관은 성과중심의 조직운영을 위하여 총액인건비제도를 활용 • 성과관리와 관리유인체계를 제공하기 위한 신공공관리적 시각이 반영 • 성과와 보상의 연계 강화, 자율과 책임의 조화, 기관운영의 자율성 제고를 목적으로 하고, 성과상여금에 대해서는 증액만 가능 • 직급 인플레이션이 발생할 수 있음.

Theme 10 공무원 연금

1 연금재정의 확보와 관리 방식

기금제(적립) vs 비기금제(부과)	• 기금제: 기금운용과 투자를 통해 나오는 이자와 사업수익을 통해 연금을 지급, 우리나라와 미국 등이 채택, 운영·관리 비용이 많이 소요됨. • 비기금제: 연금급여가 발생할 때마다 세출예산 등으로 재원을 조달하여 지급, 영국과 프랑스 등이 채택, 안정적인 연금지급이 어려움.
기여제 vs 비기여제	• 기여제: 연금재원을 공무원과 정부가 공동부담 • 비기여제: 연금재원을 정부만 부담

2 우리나라 공무원의 연금

개요	• 최초의 공적 연금제도로서, 1960년 공무원연금법 제정으로 도입 • 공무원연금제도는 인사혁신처가 관장하고 그 집행은 공무원연금공단에서 담당하고 있으며, 기금제이면서 기여제로 운영 • 정부와 공무원이 함께 부담하는 사회보험 원리와 부족액을 재정으로 보존하는 부양원리가 혼합
공무원연금법	• 적용대상: 국가공무원법, 지방공무원법, 그 밖의 법률에 따른 공무원(시간제공무원 포함)을 포함하되, 군인과 선거에 의하여 취임하는 공무원은 제외 • 기여금: 납부기간은 최대 36년, 납부액은 기준소득월액의 9% • 연금지급: 10년 이상 재직하고 **65세***가 되었을 때 　　　　　　　2033년까지 60 → 65세로 단계적으로 상향 • 연금지급액: 평균기준소득월액(재직기간 전체 평균)×재직기간×<u>1.7%</u>* 　　　　　　　2035년까지 1.9% → 1.7%로 단계적으로 인하 • 퇴직급여 종류: 퇴직연금, 퇴직연금일시금, 퇴직연금공제일시금, 퇴직일시금

Theme 11 공무원의 단체활동

1 공무원의 노동조합 설립 및 운영에 관한 법률

- "공무원"이란 「국가공무원법」 및 「지방공무원법」에서 규정하고 있는 공무원을 말하고, 사실상 노무에 종사하는 공무원과 교원인 공무원은 제외
- 노동조합과 그 조합원은 정치활동을 하여서는 아니 됨.
- 가입범위
  ① 일반직공무원
  ② 외무영사직렬·외교정보기술직렬, 소방공무원, 교육공무원(다만, 교원은 제외한다)
  ③ 별정직공무원
  ④ 가입 불가능 공무원
      ㉠ 인사·보수에 관한 업무, 노동조합과의 관계에서 행정기관의 입장
      ㉡ 교정·수사, 노동관계의 조정·감독 및 지휘·감독권을 행사, 다른 공무원의 업무를 총괄
- 공무원은 임용권자의 동의를 받아 노동조합의 업무에만 종사할 수 있고, 전임자에 대하여는 휴직명령을 하고 노동조합으로부터 급여를 지급받으면서 노동조합의 업무에만 종사할 수 있음.
- 보수·복지, 그 밖의 근무조건에 관한 사항이 교섭의 대상
- 노동조합과 그 조합원은 파업, 태업 또는 그 밖에 업무의 정상적인 운영을 방해하는 일체의 행위를 하여서는 아니 됨.
- 단체교섭이 결렬된 경우에는 당사자 어느 한쪽 또는 양쪽은 중앙노동위원회에 조정을 신청할 수 있고, 조정은 조정신청을 받은 날부터 30일 이내에 마쳐야 하되 당사자들이 합의한 경우에는 30일 이내의 범위에서 조정기간을 연장할 수 있음.

2 공무원직장협의회의 설립·운영에 관한 법률

- **가입대상**: 일반직 공무원, 특정직 공무원(외무영사직렬·외교정보기술직렬 외무공무원, 경찰공무원, 소방공무원), 별정직 공무원
- **가입불가**: 업무의 주된 내용이 지휘·감독권을 행사하거나 다른 공무원의 업무를 총괄하는 업무, 인사, 예산, 경리, 물품출납, 비서, 기밀, 보안, 경비 및 그 밖에 이와 유사한 업무에 종사하는 공무원

3 국가공무원법 제66조

사실상 노무에 종사하는 공무원으로, 노동조합에 가입된 자가 조합 업무에 전임하려면 소속 장관의 허가를 받아야 함.

4 공무원 단체활동 제한론

실적주의 원칙의 침해 우려, 공무원의 정치적 중립 훼손, 보수 인상 등은 국민 부담

Theme 12 공무원 행동규범

1 국가공무원법

성실 의무	모든 공무원은 법령을 준수하며 성실히 직무를 수행하여야 함.
복종의 의무	공무원은 직무를 수행할 때 소속 상관의 직무상 명령에 복종하여야 함.
직장 이탈 금지	• 소속 상관의 허가 또는 정당한 사유가 없으면 직장을 이탈하지 못함. • 공무원을 구속하려면 그 기관의 장에게 미리 통보하여야 함(현행범은 예외).
친절·공정의 의무	국민 전체의 봉사자로서 친절하고 공정하게 직무를 수행
종교중립의 의무	종교에 따른 차별 없이 직무를 수행, 소속 상관이 이에 위배되는 직무상 명령을 한 경우에는 이에 따르지 아니할 수 있음.
비밀 엄수의 의무	재직 중은 물론 퇴직 후에도 직무상 알게 된 비밀을 엄수하여야 함.
청렴의 의무	• 직무와 관련하여 직접적이든 간접적이든 사례·증여·향응을 주거나 받을 수 없음. • 공무원은 직무상의 관계가 있든 없든 그 소속 상관에게 증여하거나 소속 공무원으로부터 증여를 받아서는 아니 됨.
외국정부의 영예 등을 받을 경우	공무원이 외국 정부로부터 영예나 증여를 받을 경우에는 대통령의 허가를 받아야 함.
품위 유지의 의무	직무의 내외를 불문하고 그 품위가 손상되는 행위를 하여서는 아니 됨.
영리 업무 및 겸직 금지	공무 외에 영리를 목적으로 하는 업무에 종사하지 못하며 소속 기관장의 허가 없이 다른 직무를 겸할 수 없음.
정치 운동의 금지	• 공무원은 정당이나 정치단체의 결성에 관여하거나 이에 가입할 수 없음. • 특정 정당 또는 특정인을 지지 또는 반대하기 위한 행위를 하여서는 아니 됨. • **공무원의 정치적 중립의 필요성** 정치적 개입에 의한 부정부패 방지, 행정의 안정성과 전문성 제고, 공무원 집단의 정치세력화 방지, 직업공무원제 확립, 국민 전체의 이익을 위해 공평무사하게 봉사, 공명선거를 통해 민주적 기본질서 제고 • **단점**: 공무원의 정치적 기본권 제약 🔍 미국은 해치법(Hatch Act)을 통해 공무원의 정치활동을 제한

2 공직자윤리법

목적	재산등록, 등록재산 공개, 주식백지신탁, 퇴직공직자의 취업제한 등을 규정
이해충돌 방지 의무	직무가 공직자의 재산상 이해와 관련되어 공정한 직무수행이 어려운 상황이 일어나지 아니하도록 노력하여야 함. • 이해충돌은 그 특성에 따라 **실제적**(현재 및 과거에 발생한 이해충돌), **외견적**(공무원의 사익이 공적 의무의 수행에 영향을 미치는 가능성이 있는 상태이지만, 부정적 영향이 현재화된 것은 아닌 상태), **잠재적**(공무원이 미래에 공적 책임에 관련되는 일에 연루되는 경우 발생) 형태로 분류 • 이해충돌 회피에 있어서는 '어느 누구도 자신이 연루된 사건의 재판관이 되어서는 안 된다'라는 원칙이 적용 • 우리나라는 2021년 5월 공직자의 이해충돌 방지법을 제정하였고, 이 법에 따라 위반행위는 위반행위가 발생한 공공기관 또는 그 감독기관, 감사원 또는 수사기관, 국민권익위원회에 신고할 수 있음.
등록의무자	• 정무직공무원, 4급 이상 공무원, 세무·감사·건축·토목·환경·식품위생분야의 대민업무 담당부서 공무원은 7급 이상, 국립대학교의 학장, 총경 이상의 경찰공무원과 소방정 이상의 소방공무원, 교육감 및 교육장, 법관 및 검사, 헌법재판소 헌법연구관, 대령 이상의 장교 및 이에 상당하는 군무원 등 • 퇴직한 등록의무자는 퇴직일부터 2개월이 되는 날이 속하는 달의 말일까지 그 해 1월 1일부터 퇴직일까지의 재산 변동사항을 신고하여야 함.
등록대상재산	본인, 배우자(사실상의 혼인관계에 있는 사람을 포함), 본인의 직계존속·직계비속. 다만 혼인한 직계비속인 여성 등은 제외함.
등록재산의 공개	정무직 공무원 및 1급 상당 공무원 등
주식의 매각 또는 신탁 및 심사	직무관련성을 심사·결정하기 위하여 인사혁신처에 주식백지신탁 심사위원회를 둠, 직무관련성 있는 주식은 매각·신탁 또는 투자신탁에 관한 계약의 체결을 해야 하고, 매각 혹은 백지신탁해야 하는 주식의 하한가액은 3천만원
외국 정부 등으로부터 받은 선물의 신고	공무원(지방의원 포함) 또는 공직유관단체의 임직원(가족 포함)은 그 직무와 관련하여 외국인(외국 정부)에게 미국화폐 100달러 이상이거나 국내 시가로 10만원 이상인 선물을 받으면 지체 없이 소속 기관·단체의 장에게 신고하고 그 선물을 인도하여야 함.
퇴직공직자의 취업제한	취업심사대상자는 퇴직일부터 3년간, 퇴직 전 5년 동안 소속하였던 부서 또는 기관의 업무와 취업심사대상기관 간에 밀접한 관련성이 없어야 함.
퇴직공직자의 행위제한	재직자는 퇴직공직자로부터 직무와 관련한 청탁 또는 알선을 받은 경우 이를 소속 기관의 장에게 신고하여야 함.
취업 및 업무 취급제한 위반 여부 확인	취업심사대상자가 퇴직한 경우에는 그 퇴직 후 3년 동안 관련 취업심사대상기관에의 취업 여부 확인 등을 해야 함.

PART 04

3 부패방지 및 국민권익위원회의 설치와 운영에 관한 법률

공직자 행동강령	공직자가 준수하여야 할 행동강령은 … 공직유관단체의 내부규정으로 정함.
공직자의 부패행위 신고의무	• 공직자는 지체 없이 이를 수사기관·감사원 또는 위원회에 신고하여야 함. • 위원회는 접수된 신고사항을 그 접수일부터 60일 이내에 처리하고, 필요하다고 인정되는 경우에는 그 기간을 30일 이내에서 연장할 수 있음.
불이익조치 등의 금지	누구든지 신고자에게 불이익조치를 하여서는 아니 됨(내부고발자 보호).
감사청구권	18세 이상의 국민은 공공기관의 부패행위에 대해 국민의 연서로 감사원에 감사청구가 가능
비위면직자 등의 취업제한	부패행위로 당연퇴직·파면·해임된 경우에는 퇴직일로부터 5년 동안 취업제한기관에 취업할 수 없음.

4 공무원 행동강령

목적	「부패방지 및 국민권익위원회의 설치와 운영에 관한 법률」 제8조에 따라 공무원이 준수하여야 할 행동기준을 규정 • 행동강령은 공무원에게 기대되는 바람직한 가치판단이나 의사 결정을 담고 있으며, 공무원이 준수해야 할 행동기준으로 작용 • OECD 국가들의 행동강령은 1990년대부터 집중적으로 제정되었으며, 법률·내부지침 등 다양한 형태로 규정
금품등의 수수 금지	공무원은 그 명목에 관계없이 동일인으로부터 1회에 100만원 또는 매 회계연도에 300만원을 초과하는 금품 등을 받거나 요구 또는 약속해서는 아니 됨.
기관별 행동강령	기관의 특성에 적합한 세부적인 기관별 공무원 행동강령을 제정해야 함.
기타 조항	사적 이해관계의 신고, 직무 관련 영리행위 등 금지, 가족 채용 제한, 인사 청탁 등의 금지, 알선·청탁 등의 금지 등

5 부정청탁 및 금품등 수수의 금지에 관한 법률(일명 김영란법)

부정청탁의 금지	직무를 수행하는 공직자등에게 부정청탁을 해서는 아니 되고, 공개적으로 공직자 등에게 특정한 행위를 요구하는 것은 부정청탁에 포함되지 않음.
금품등의 수수 금지	• 공직자등은 그 명목에 관계없이 동일인으로부터 1회에 100만원 또는 매 회계연도에 300만원을 초과하는 금품등을 받거나 요구 또는 약속해서는 아니 됨(벌금 부과). • 공직자등은 직무와 관련하여 대가성 여부를 불문하고 제1항에서 정한 금액 이하의 금품등을 받거나 요구 또는 약속해서는 아니 됨(과태료 부과). Q 공직자등: 공무원, 공직유관단체 및 기관의 장과 그 임직원, 각급 학교의 장과 교직원 및 학교법인의 임직원, 언론사의 대표자와 그 임직원
음식물·경조사비 ·선물 등의 가액 범위	음식물 5만원, 선물 5만원(농수산물 및 농수산가공품과 **농수산물·농수산가공품 상품권*** 　　　　　　　　　　　　　　　　　　　　　　　　　유가증권 중 상품권은 선물에 포함된다. 은 **15만원** 이지만 설날·추석 전 24일부터 설날·추석 후 5일까지는 **30만원**까지 가능), 경조사비 5만원(경조사비를 대신하는 화환·조화는 10만원)까지 사교·의례 등 목적으로 가능

6 공무원 헌장(대통령훈령)

공익과 공정성, 창의성과 전문성, 다양성 존중과 민주 행정, 청렴, 규범과 상식에 따라 행동

Theme 13 공무원 부패

1 부패발생 원인에 대한 접근방법

체제론적 접근	관료 개인의 속성, 제도, 사회문화적 환경 등이 복합적으로 작용한 결과
사회문화적 접근	공식적인 법규나 규범보다는 관습과 같은 사회문화적 환경에 의해 유발
제도적 접근	현실과 괴리된 법령과 모호한 법규정, 적절한 통제장치의 미비 등
도덕적 접근	관료 개인의 윤리 의식과 자질 문제
권력문화적 접근	과도한 권력집중과 이로 인한 권력남용으로 발생
구조적 접근	공무원의 잘못된 의식구조에 의해 발생
시장·교환적 접근	정치·경제 엘리트 간의 야합과 이권개입으로 발생

2 부패의 유형

사기형 부패	공금횡령, 개인적인 이익의 편취, 회계부정 등
일탈형 부패	정상적인 단속을 하다가 금품을 제공하는 경우 단속을 하지 않는 것
제도화된 부패	부패저항자에 대한 제재와 보복, 부패행위자에 대한 보호와 관대한 처분, 실제로 지켜지지 않는 반부패 행동규범의 대외적 표방, 부패의 타성화, '급행료'를 지불하는 것을 당연시하는 것
백색부패	선의의 부패, 선의의 거짓말, 부패의 범주에 포함
회색부패	법에 규정하기는 곤란하여 윤리강령에 규정하는 부패
흑색부패	법률 등에 규정되는 위법한 사익추구행위 등

3 부패의 분류

거래 vs 비거래	• 거래형 부패: 공무원이 금전적 이득을 얻기 위해 뇌물을 주고받는 경우 • 비거래형 부패: 거래 당사자가 없이 공금횡령, 개인적 이익편취, 회계 부정 등
개인 vs 조직	개인의 행위 vs 조직적 행위(외부에 잘 드러나지 않음.)
생계 vs 권력	생계유지 vs 정치인이나 고위공무원이 권력을 남용해 사적 이익을 추구

PART 04

4 부패의 통제

계층제(공식적 행정통제), 국민감사청구제, 부패방지 시책에 대한 협력의무

5 관련 용어

비윤리적 행위	친구에게 호의를 베풀거나 자신의 이익을 위해 결정을 내리는 행위 등
부정행위	고속도로 통행료를 착복하거나, 공공기금을 횡령하는 행위 등
행정권 오용행위	입법의도의 편향된 해석(환경보호 의견을 무시한 채 벌목을 허용)
무사안일	공무원들이 재량권을 행사하지 않고 적극적인 조치를 하지 않는 행위

Theme 14   공무원의 징계

1 공무원 징계의 종류(파·해·강·정·감·견)

징계의 종류		징계의 효력
중징계	파면	• 신분박탈, 5년간 공직임용제한 • 재직기간이 **5년 미만**인 사람의 퇴직급여: **4분의 1 감액** • 재직기간이 **5년 이상**인 사람의 퇴직급여: **2분의 1 감액**
	해임	• 신분박탈, 3년간 공직임용제한 • 금품 및 향응 수수, 공금의 횡령·유용으로 해임된 경우 ① 재직기간이 **5년 미만**인 사람의 퇴직급여: **8분의 1 감액** ② 재직기간이 **5년 이상**인 사람의 퇴직급여: **4분의 1 감액**
	강등	• 1계급 아래로 직급을 내리고, 공무원신분은 보유하나 **3개월간 직무에 종사하지 못하며** 그 기간 중 **보수는 전액 감액** • 징계처분 집행이 끝난 날부터 18개월 동안 승진임용 또는 승급할 수 없음.
	정직	• **1개월 이상 3개월 이하의 기간**으로 하고, 정직 처분을 받은 자는 그 기간 중 공무원의 신분은 보유하나 **직무에 종사하지 못하며 보수는 전액 감액** • 징계처분 집행이 끝난 날부터 18개월 동안 승진임용 또는 승급할 수 없음.
경징계	감봉	• **1개월 이상 3개월 이하**의 기간 동안 보수의 **3분의 1을 감액** • 징계처분 집행이 끝난 날부터 12개월 동안 승진임용 또는 승급할 수 없음.
	견책	• **전과(前過)에 대하여 훈계**하고 회개하게 함. • 징계처분 집행이 끝난 날부터 6개월 동안 승진임용 또는 승급할 수 없음.

2 징계와 혼선을 주는 용어(징계 ×)

강임	직제 또는 정원의 변경이나 예산의 감소 등으로 직위를 내리고, 강임된 사람에게는 강임된 봉급이 강임되기 전보다 많아지게 될 때까지는 강임되기 전의 봉급에 해당하는 금액을 지급
직권면직	폐직 또는 과원이 되었을 때, 고위공무원단에 속하는 공무원이 적격심사 결과 부적격 결정을 받은 때, 직무수행 능력이 부족하거나 근무성적이 극히 나쁜 것을 이유로 직위해제를 받은 공무원이 직위해제 기간에 능력의 향상을 기대하기 어렵다고 인정된 때
직위해제	• 직무수행 능력이 부족하거나 근무성적이 극히 나쁜 자, 파면·해임·강등 또는 정직에 해당하는 징계 의결이 요구 중인 자, 형사 사건으로 기소된 자, 고위공무원단에 속하는 일반직공무원으로서 적격심사를 요구받은 자 등에 대해서 직위를 부여하지 아니할 수 있음. • 현실적으로 징계처분의 수단으로 남용되기도 함.
휴직	임용권자는 신체·정신상의 장애로 장기 요양이 필요할 때, 병역 복무를 마치기 위하여 징집 또는 소집되는 경우 등에 해당할 경우 본인의 의사에도 불구하고 휴직을 명하여야 함.

3 국가공무원 징계절차

보통징계위원회 (6급 이하)	• 설치 : 중앙행정기관 • 구성 : 위원장 1명을 포함하여 9명 이상 15명 이하, 민간위원의 수는 위원장을 제외한 위원 수의 2분의 1 이상 • 회의 : 위원장과 위원장이 회의마다 지정하는 6명의 위원으로 구성, 민간위원이 4명 이상 포함
중앙징계위원회 (5급 이상)	• 설치 : 국무총리 소속 • 구성 : 위원장 1명을 포함하여 17명 이상 33명 이하, 민간위원의 수는 위원장을 제외한 위원 수의 2분의 1 이상 • 회의 : 위원장과 위원장이 회의마다 지정하는 8명의 위원으로 구성, 민간위원이 5명 이상 포함
징계처분절차	• 징계의결 등의 요구 : 5급 이상 공무원은 소속 장관이, 6급 이하 공무원은 소속 기관의 장 또는 소속 상급기관의 장이 징계위원회에 징계의결을 요구 • 징계처분 등 : 징계위원회가 설치된 소속 기관의 장이 하되, 국무총리 소속 징계위원회에서 한 징계의결 등에 대하여는 중앙행정기관의 장이 함. • 징계위원회는 위원 5명 이상의 출석과 출석위원 과반수의 찬성으로 의결하되, 의견이 나뉘어 출석위원 과반수의 찬성을 얻지 못한 경우에는 출석위원 과반수가 될 때까지 징계 등 혐의자에게 가장 불리한 의견에 차례로 유리한 의견을 더하여 가장 유리한 의견을 합의된 의견으로 봄.

Theme 15 소청제도

소청심사위원회 설치	• **국가공무원**: 인사혁신처에 소청심사위원회를 설치하고, 국회사무처, 법원행정처, 헌법재판소사무처 및 중앙선거관리위원회사무처는 별도로 둠. • **지방공무원**: 시·도에 지방소청심사위원회 및 교육소청심사위원회를 둠.
심사대상	• 징계처분, 그 밖에 그 의사에 반하는 불리한 처분이나 부작위가 대상으로 강임, 휴직, 직위해제, 면직, 전보, (불문) 경고 등은 포함되고, 승진탈락은 포함되지 않음. • 인사혁신처에 설치된 소청심사위원회는 특정직 공무원의 소청을 심사·결정할 수 있음.
위원 구성	인사혁신처에 설치된 소청심사위원회는 위원장 1명을 포함한 5명 이상 7명 이하의 상임위원과 상임위원 수의 2분의 1 이상인 비상임위원으로 구성하고, 위원장은 정무직
위원 제외 대상	정당의 당원, 선거에 후보자로 등록한 자 등은 제외
소청심사위원회 결정	• 재적 위원 3분의 2 이상의 출석과 출석 위원 과반수의 합의로 결정 • 징계처분 또는 징계부과금 부과처분의 경우 원징계처분보다 무거운 결정을 하지 못함.
결정의 효력	소청심사위원회의 결정은 처분 행정청을 기속
결정기한	소청심사청구를 접수한 날부터 60일 이내, 30일 연장 가능
행정소송과의 관계	처분, 그 밖에 본인의 의사에 반한 불리한 처분이나 부작위에 관한 행정소송은 소청심사위원회의 심사·결정을 거치지 아니하면 제기할 수 없음.

Theme 16 기타 사항

1 계급정년제도 등

계급정년제도	• 일정한 기간 동안 승진하지 못하고 동일한 계급에 머물러 있으면, 그 기간이 만료된 때에 그 사람을 자동적으로 퇴직시키는 제도 • 인적자원의 유동률을 높이고 낡은 관료문화 타파에 기여
공무원 신분보장	형의 선고, 징계 처분 등의 사유 외에는 휴직·강임 또는 면직을 당하지 아니하고, 다만 1급 공무원과 직무등급이 가장 높은 등급의 직위에 임용된 고위공무원단에 속하는 공무원은 해당하지 않음.
공무원의 승진	• 임용권자는 1월 31일과 7월 31일을 기준으로 필요한 요건을 갖춘 5급 이하 공무원을 대상으로 승진임용예정 직급별로 승진후보자 명부를 작성 • 임용권자는 근무성적평가 점수를 90퍼센트(95퍼센트까지 가산 가능), 경력평정을 10퍼센트(5퍼센트까지 감산 가능) 반영하여 승진후보자 명부 작성
일반직 공무원 승진 최저연수	9 → 8 → 7 → 6급(각 1년), 6 → 5급(2년), 5 → 4급 → 3급(각 3년)
근속승진	6, 7 또는 8급의 정원이 없는 경우에도 승진임용

공개경쟁승진	5급으로의 승진에 적용, 공개경쟁승진시험의 성적에 의해 결정
특별승진	민원봉사대상 수상자, 직무수행능력 우수자 등에게 승진임용하거나, 승진심사 또는 승진시험에 응시할 수 있도록 하는 제도
승진적체 완화를 위한 제도	대우공무원, 필수 실무요원제, 복수직급제 등
공무원 제안 규정	• 우수한 제안을 제출한 경우 특별승진이나 특별승급, 상여금 지급 가능 • 행정절차의 간소화, 경비 절감 등의 업무 개선에 기여 • 조직구성원의 자기개발능력을 자극하여 창의력, 문제해결능력을 신장 • 참여의식의 조장으로 조직구성원의 사기 제고

2 고충처리제도

고충처리대상 및 절차	• 인사·조직·처우 등 직무 조건과 관련된 신상 문제와 성폭력범죄·성희롱 및 부당한 행위 등으로 인한 신상 문제와 관련된 고충의 처리를 요구할 수 있음. • 청구서 접수 30일 이내에 결정해야 하고, 30일 범위에서 연기 가능
고충심사위원회	• 중앙고충심사위원회 ① 5급 이상 공무원 및 고위공무원단 ② 3분의 2 이상의 출석과 출석위원 과반수의 합의로 결정 • 보통고충심사위원회 ① 6급 이하 공무원 ② 5명 이상의 출석과 출석위원 과반수의 합의로 결정
고충처리제도와 소청심사제도	• 양자 모두 공무원의 권익보호를 위한 제도 • 고충심사위원회 결정은 권고, 소청심사위원회의 결정은 관계기관장을 기속

3 유연근무제

유형		활용방법
탄력 근무제		주 40시간 근무하되, 출퇴근시각·근무시간·근무일을 자율 조정
	시차 출퇴근형	• 기본개념: <u>1일 8시간 근무체제 유지, 출퇴근시간 자율 조정</u> • 실시기간: 1일 이상 • 신청시기: 당일까지 신청하되, 당일 24시까지 부서장 승인 • 출근유형: 가급적 07:00 ~ 10:00까지로 30분 단위로 하되 필요시 탄력적으로 운영 　가능
	근무시간 선택형	• 기본개념: <u>일 8시간에 구애받지 않음</u>(일4 ~ 12시간 근무), <u>주 5일 근무 준수</u> • 실시기간: 1주 이상으로 하되 당일 신청시 2일 이상 • 신청시기: 당일까지 신청하되, 당일 24시까지 부서장 승인 • 근무가능 시간대는 06:00 ~ 24:00로 하되 1일 최대 근무시간은 12시간
	집약 근무형	• 기본개념: <u>일 8시간에 구애받지 않음</u>(일4~12시간 근무), <u>주 3.5 ~ 4일 근무</u> • 실시기간: 1주일 이상 • 신청시기: 실시 전일까지 • 근무가능 시간대는 06:00 ~ 24:00로 하되 1일 최대 근무시간은 12시간 • 정액급식비 등 출퇴근을 전제로 지급되는 수당은 출근하는 일수만큼만 지급
재량 근무제		근무시간, 근무장소 등에 구애받지 않고 구체적인 업무성과를 토대로 근무한 것으로 간주하는 근무형태 • 기본개념: <u>출퇴근 의무 없이 프로젝트 수행으로 주40시간 인정</u> • 실시기간: 기관과 개인이 합의 • 신청시기: 수시 • 고도의 전문적 지식과 기술이 필요해 업무수행 방법이나 시간배분을 담당자의 재량에 맡길 필요가 있는 분야
원격 근무제		특정한 근무장소를 정하지 않고 정보통신망을 이용하여 근무
	재택 근무형	• 기본개념: <u>사무실이 아닌 자택에서 근무</u> • 실시기간: 1일 이상 • 신청시기: 당일까지 신청하되, 당일 24시까지 부서장 승인 • 출근유형: 08:00 ~ 10:00내 조정가능하며, 1일 근무시간은 8시간으로 변동 불가 • 초과근무: 사전에 부서장의 긴급 초과 근무명령을 받은 경우에만 예외적으로 인정
	스마트 워크 근무형	• 기본개념: 자택 인근 스마트워크센터 등 별도 사무실에서 근무 • 실시기간: 1일 이상 • 신청시기: 당일까지 신청하되, 당일 24시까지 부서장 승인 • 출근유형: 08:00 ~ 10:00내 조정가능하며, 1일 근무시간은 8시간으로 변동 불가 • 초과근무: 사전에 부서장 승인시에만 인정

재무

PART
05

재무

Theme 01 재무행정 개요

1 우리나라 재정

구분	예산 (수입과 지출의 실적을 예정적 계수로 표시)		기금
	일반회계	특별회계	
설치사유	국가고유의 일반적 재정활동	특정사업 운영, 특정자금 운영, 특정세입으로 세출 충당(법률로써 설치)	특정 목적을 위해 특정 자금을 운영 (법률로써 설치)
재원 조달 및 운영형태	공권력에 의한 조세수입과 무상급부 원칙	일반회계와 기금의 운영형태 혼재	출연금, 부담금 등 다양한 수입원, 융자사업 등 기금 고유사업 수행
확정 절차	부처의 예산 요구, 기획재정부 예산안 편성, 국회 심의·의결 확정	부처의 예산 요구, 기획재정부 예산안 편성, 국회 심의·의결 확정	관리주체가 기금운영계획 수립, 기획재정부장관과 협의·조정, 국회 심의·의결 확정
집행	엄격한 통제 목적외 사용 금지 원칙	엄격한 통제 목적외 사용 금지 원칙	합목적성 차원에서 상대적으로 자율성과 탄력성 보장
수입·지출	연계 ×	특정수입과 특정지출의 연계	특정수입과 특정지출의 연계
계획 변경	추경예산 편성	추경예산 편성	금융성 외 20% 초과, 금융성 30% 초과하는 기금운영계획안 변경 시 국회 심의·의결 필요
결산	국회 결산 심의·승인	국회 결산 심의·승인	국회 결산 심의·승인
기타		행정부 재량 확대, 재정 인플레이션	

2 시기에 따른 예산의 분류

수정예산안	정부가 예산안을 국회에 제출한 이후 국회의결 전에 기존 예산안 내용의 일부를 수정하여 다시 제출
준예산	새로운 회계연도 개시 전까지 국회에서 예산안이 의결되지 못할 때 정부가 일정한 범위 내에서 전 회계연도의 예산에 준해 집행
본예산(당초예산)	정기국회의 심의를 거쳐 확정된 최초의 예산
추가경정예산	이미 성립된 예산에 변경을 가할 필요가 있을 때, 성립되면 통합하여 운영

3 정부의 재정규모

총지출 규모	• 총지출 규모 = 경상지출 + 자본지출 + 융자지출 • 국민의 입장에서 느끼는 정부의 지출규모
통합재정규모	경상지출 + 자본지출 + 순융자(= 융자지출 − 융자수입)

4 통합재정

의미	국민 경제에 미치는 효과, 순계 개념(내부거래와 보전거래 제외), IMF의 권고에 따라 1979년부터 도입
특징	통합재정의 제도(기관) 범위는 2001년 정부재정통계(Government Finance Statistics, GFS)에 따라 일반정부(중앙정부, 지방정부, 비영리공공기관)로 공기업은 제외 ⓠ 원가보상률(판매액÷생산원가)이 50% 이하일 경우 일반정부, 50% 초과일 경우 공기업으로 분류 ≋ 1986년 GFS과 2001년 GFS의 비교 {표}
통합재정수지와 관리재정수지	• 통합재정수지 = 통합재정수입 − [통합재정지출 + 순융자(= 융자지출 − 융자회수)] • 관리재정수지 = 통합재정수지 − 사회보장성기금 수지 ⓠ 관리재정수지는 통합재정수지 중 국민연금, 사학연금 등 사회보장성기금 수지를 제외한 재정수지

비 교	1986 GFS	2001 GFS
분석 단위	회계단위	제도단위
기록 방식	현금주의	발생주의
제도단위 포괄범위	중앙정부, 지방정부	일반정부[중앙정부, 지방정부, 비영리공공기관(추가)]
회계단위 포괄범위	일반회계, 특별회계, 사업성 기금 등	일반회계, 특별회계, 사업성 기금, 금융성기금·외평기금 등(추가)

5 **예산의 주기**: 3년[편성(Y−1), 집행(Y), 결산(Y+1)]

1. 예산안 편성 및 본예산 성립(Y−1)

기한	내용	절차					
1. 31.	중기사업계획 (5회계연도 이상의 신규사업 및 기재부장관이 정하는 사업)	각 중앙관서 의 장	→ (제출)	기획재정부 장관			정부 (예산안 편성)
3. 31.	예산안편성지침 (중앙관서별 지출한도 포함 가능)	각 중앙관서 의 장	← (통보)	기획재정부 장관	→ (보고)	예산결산 특별위원회	
5. 31.	예산요구서	각 중앙관서 의 장	→ (제출)	기획재정부 장관			
회계 연도 개시 120일 전까지	정부예산안(기획재정부 장관이 정부예산안 편성 → 국무회의 심의 → 대통령 승인)	정부	→ (제출)	국회			
정부의 시정연설 수정예산안 제출할 수 있음(정부 → 국회).							
회계 연도 개시 30일 전까지	상임위원회 예비심사 ↓ 예산결산특별위원회(상설위원회) 종합심사 ↓ 본회의 정책질의 및 찬반투표 ↓ 본예산(당초예산) 성립 ⊕ 국회는 정부의 동의 없이 정부가 제출한 지출예산 각 항의 금액을 증가하거나 새 비목을 설치할 수 없다. ⊕ 예산결산특별위원회는 소관 상임위원회에서 삭감한 세출예산 각 항의 금액을 증가하게 하거나 새 비목을 설치할 경우에는 소관 상임위원회의 동의를 받아야 한다.						국회 (예산안 심의 및 의결)

2. 예산의 집행(Y)

기한	내용	절차				
분기별 구분·작성	예산배정요구서	각 중앙관서의 장	→ (제출)	기획재정부 장관		
	분기별 예산 배정계획 작성 (기획재정부장관 작성 → 국무회의 심의 → 대통령 승인)					
	예산의 배정	각 중앙관서의 장	← (배정)	기획재정부 장관	→ (통지)	감사원
	예산의 재배정	각 중앙관서의 장	→ (재배정)	실무부서		
매년 1월말 까지	예산집행지침	각 중앙관서의 장	← (통보)	기획재정부 장관		

3. 결산(Y+1)

기한	내용	절차				
다음 연도 2월말까지	중앙관서결산보고서의 작성 및 제출	각 중앙관서의 장	→ (제출)	기획재정부 장관		
4. 10.	국가결산보고서의 작성 (기획재정부장관 작성 → 국무회의 심의 → 대통령 승인) 및 제출			기획재정부 장관	→ (제출)	감사원
5. 20.	국가결산보고서 검사 및 송부			기획재정부 장관	← (송부)	감사원
5. 31.	국가결산보고서 제출			정부	→ (제출)	국회
정기회 개최 전까지	국가결산보고서 심사	국회				

Theme 02 국가재정법 총칙

국가재정운용 계획의 수립	매년 해당 회계연도부터 5회계연도 이상의 기간에 대한 국가재정운용계획을 수립하여 회계연도 개시 120일 전까지 국회에 제출 🔍 국가재정운용계획은 중·장기적 국가비전과 정책 우선순위를 고려한 계획으로 단년도 예산 편성의 기본틀
재정정보의 공표	매년 1회 이상 정보통신매체·인쇄물 등으로 알기 쉽고 투명하게 공표
재정정책자문회	기획재정부장관은 국가재정운용계획을 수립할 때, 예산안을 편성할 때, 기금운용계획안을 마련할 때에는 미리 자문회의의 의견수렴을 거쳐야 함.
업무의 관장	예산, 결산 및 기금에 관한 사무는 기획재정부장관이 관장 📚 **우리나라 중앙예산기관의 변천** • 1948년 : 국무총리 직속 기획처 예산국 • 1954년 : 재무부 예산국 • 1961년 : 경제기획원 예산국 • 1994년 : 재정경제원 예산실 • 1998년 : 기획예산위원회와 예산청 • 1999년 : 기획예산처 예산실 • 2008년 : 기획재정부 예산실
회계·기금 간 여유재원의 전입·전출	정부는 회계 및 기금의 목적 수행에 지장을 초래하지 아니하는 범위 안에서 회계와 기금 간 또는 회계 및 기금 상호 간에 여유재원을 전입 또는 전출하여 통합적으로 활용할 수 있다. 국민연금기금, 공무원연금기금, 사립학교교직원연금기금 등은 제외
특별회계 및 기금의 신설	• **기금** : 1~4호 적합 여부 심사 / **특별회계** : 4~5호 적합 여부 심사 ① 부담금 등 기금의 재원이 목적사업과 긴밀하게 연계되어 있을 것 ② 사업의 특성으로 인하여 신축적인 사업추진이 필요할 것 ③ 중·장기적으로 안정적인 재원조달과 사업추진이 가능할 것 ④ 일반회계나 기존의 특별회계·기금보다 새로운 특별회계나 기금으로 사업을 수행하는 것이 더 효과적일 것 ⑤ 특정한 사업을 운영하거나 특정한 세입으로 특정한 세출에 충당함으로써 일반회계와 구분하여 회계처리할 필요가 있을 것 • **특별회계 및 기금의 통합·폐지** ① 설치목적을 달성한 경우, 설치목적의 달성이 불가능하다고 판단되는 경우 ② 유사하거나 중복되게 설치된 경우 ③ 그 밖에 일반회계에서 통합 운용하는 것이 바람직하다고 판단되는 경우

Theme 03　국가재정법 예산총칙

예산총계주의	• 한 회계연도의 모든 수입을 세입으로 하고, 모든 지출을 세출로 함. • 세입과 세출은 모두 예산에 계상해야 함.
세출 재원	국채·차입금 외의 세입을 그 재원으로 하되, 부득이한 경우에는 국회의 의결을 얻은 금액의 범위 안에서 국채 또는 차입금으로써 충당할 수 있음.
예산의 구성	예산총칙·세입세출예산·계속비·명시이월비, 국고채무부담행위
예산의 구분	소관 − 회계 − [관·항·목(세입), 장·관·항·세항·목(세출), 필요시 계정으로 구분]
예비비	일반회계 예산총액의 100분의 1 이내, 미리 사용목적을 정해 둔 경우 별도로 계상할 수 있으나 공무원의 보수 인상을 위한 인건비 목적은 불가능
계속비	• 완성에 수년이 필요한 공사나 제조 및 연구개발사업은 총액과 연부액을 정하여 미리 국회의 의결을 얻은 범위 안에서 수년도에 걸쳐서 지출 • 계속비 연한은 5년 이내, 예외적으로 10년 이내, 국회의결을 거쳐 연장 가능
명시이월비	연도 내에 지출을 끝내지 못할 것이 예측되는 때, 국회의 승인을 얻어 이월
국고채무 부담행위	법률에 따른 것과 세출예산금액 또는 계속비의 총액의 범위 안의 것 외에 채무를 부담하는 행위를 하는 때에는 미리 예산으로써 국회의 의결을 얻어야 함.
성인지 예산서	기획재정부장관과 여성가족부장관이 협의하여 제시한 작성기준 및 방식에 따라 각 중앙관서의 장이 작성해야 함(기대효과, 성과목표, 성별 수혜분석 등).
온실가스감축 인지 예산서	온실가스 감축에 미칠 영향을 미리 분석한 보고서를 작성해야 함(온실가스 감축에 대한 기대효과, 성과목표, 효과분석 등).

Theme 04　우리나라 예산안의 편성

1　각 부처의 예산요구(일단 많이 요구하고 보는 경향)**에 대한 중앙예산기관의 대응전략**

- **한도액 설정법** : 각 부처에 예산편성의 자율성을 부여
- **우선순위명시법** : 각 부처가 예산사업 간의 우선순위를 책정
- **항목별 통제법** : 개별 사업에 대한 통제, 전체 사업의 관점에서 개별 사업을 검토하기 어려움.
- **증감분석법** : 기본 예산액에 대한 검토는 제외하고, 증감된 부분에 대해서만 검토

2 예산안 편성 관련 기타사항

총액계상	기획재정부장관은 대통령령으로 정하는 사업으로서 세부내용을 미리 확정하기 곤란한 사업의 경우에는 이를 총액으로 예산에 계상할 수 있음.
예비타당성조사 (1999년 도입)	• 목적: 대규모 신규 사업의 예산 낭비 방지 및 재정운영의 효율성을 제고 • 실시기관: 기획재정부장관 • 대상사업: 총사업비가 500억원 이상, 국가의 재정지원 규모가 300억원 이상인 신규 사업 • 대상제외: 공공청사, 교정시설, 초·중등 교육시설의 신·증축 사업, 문화재 복원사업, 국가안보와 관계되거나 보안이 필요한 국방 관련 사업 등 • 절차: 예산을 편성하기 위하여 미리 예비타당성조사를 실시하고, 그 결과를 요약하여 국회 소관 상임위원회와 예산결산특별위원회에 제출해야 함. • 경제성 및 정책적 필요성을 종합적으로 검토하여 사업의 추진여부를 결정
감사원 및 독립기관의 예산	정부는 감사원 및 독립기관(국회·대법원·헌법재판소·중앙선거관리위원회)의 세출 예산요구액을 감액하고자 할 때에는 국무회의에서 감사원장 및 독립기관의 장의 의견을 들어야 함.

Theme 05 예산(안)의 심의

입법부의 예산 심의	국민의 대표기관인 입법부가 행정부를 통제할 수 있는 도구 중 하나로 재정민주주의를 실현, 정책 형성과 행정 감독으로 나눌 수 있음.
우리나라 예산안 심의의 특징	• 의원내각제에 비해 예산안 심의가 상대적으로 엄격 • 상임위와 예결위 위주로 심사, 본회의의 경우 형식적인 경우가 많음. • 국회 상임위원회가 소관 부처의 이해관계를 대변하기 쉬움. • 관계 법령에 따라 제출·회부된 기금운영계획안도 심사
예산안 제출 및 의결기간	• 중앙정부: 회계연도 개시 120일 전까지 제출 / 국회: 회계연도 개시 30일 전까지 의결 • 광역지자체: 회계연도 개시 50일 전까지 제출 / 광역의회: 회계연도 개시 15일 전까지 의결 • 기초지자체: 회계연도 개시 40일 전까지 제출 / 기초의회: 회계연도 개시 10일 전까지 의결

Theme 06 우리나라 예산의 집행

1 예산의 전용 등

예산의 전용	기획재정부장관의 승인을 얻어 금액을 전용(**세항, 목**)할 수 있음.
예산의 이용	미리 예산으로써 국회의 의결을 얻은 때에는 기획재정부장관의 승인을 얻어 이용(**기관 간 또는 장·관·항**)하거나 기획재정부장관이 위임하는 범위 안에서 자체적으로 이용할 수 있음.
예산의 이체	기획재정부장관은 정부조직 등에 관한 법령의 제정·개정 또는 폐지로 인하여 중앙관서의 직무와 권한에 변동이 있는 때에는 그 중앙관서의 장의 요구에 따라 그 예산을 상호 이용하거나 이체할 수 있음.
예산성과금의 지급	각 중앙관서의 장은 예산의 집행방법 또는 제도의 개선 등으로 인하여 수입이 증대되거나 지출이 절약된 때에는 이에 기여한 자에게 성과금을 지급할 수 있으며, 절약된 예산을 다른 사업에 사용할 수 있음.
명시이월	국회의 승인을 얻은 후 다음 연도에 이월
사고이월	불가피하게 다음 연도로 이월, 재차 이월할 수 없음.
예비비	• 예비비는 기획재정부장관이 관리하고, 각 중앙관서의 장은 예비비로 사용한 금액의 명세서를 다음 연도 2월말까지 기획재정부장관에게 제출해야 함. • 총괄명세서 작성(기획재정부장관) → 국무회의의 심의 → 대통령의 승인 → 감사원 제출 → 국회 제출(다음 연도 5월 31일까지) 및 국회의 승인

2 총사업비 관리제도(1994년 도입)

의미	각 중앙관서의 장은 2년 이상 소요되는 사업 중 대규모사업에 대해 사업규모·총사업비·사업기간을 정해 미리 기획재정부장관과 협의해야 함.
총사업비 규모	• 총사업비 500억원 이상 & 국가의 재정지원 규모가 300억원 이상 건설공사가 포함된 사업(건축사업은 제외), 정보화 사업, 그 밖에 사회복지, 보건, 교육, 노동, 문화 및 관광, 환경 보호, 농림해양수산, 산업·중소기업 분야의 사업 • 200억원 이상: 건축사업 또는 연구개발사업
타당성 재조사	기획재정부장관은 총사업비가 일정 규모 이상 증가하거나, 감사원이 요청하는 사업에 대하여는 사업의 타당성을 재조사하고, 그 결과를 국회에 보고하여야 함.

3 예산총계주의 원칙의 예외

수입대체경비	각 중앙관서의 장은 용역 또는 시설을 제공하여 발생하는 수입과 관련되는 경비의 경우, 수입이 예산을 초과하거나 초과할 것이 예상되는 때에는 그 초과수입을 그 초과수입에 직접 관련되는 경비 및 이에 수반되는 경비에 초과지출할 수 있음.
현물 출자 및 외국차관전대	국가가 현물로 출자하는 경우와 외국차관을 도입하여 전대하는 경우에는 이를 세입세출예산 외로 처리할 수 있음.
차관물자대	전년도 인출예정분의 부득이한 이월, 환율 및 금리의 변동으로 인하여 세입이 그 세입예산을 초과하게 되는 때에는 그 세출예산을 초과하여 지출할 수 있음.
전대차관	전대차관을 상환하는 경우 환율 및 금리의 변동, 기한 전 상환으로 인하여 원리금 상환액이 그 세출예산을 초과하게 되는 때에는 초과한 범위 안에서 그 세출예산을 초과하여 지출할 수 있음.

4 준예산(1960년 도입)

- **준예산 지출 목적(대한민국헌법 제54조 제3항)**
  ① 헌법이나 법률에 의하여 설치된 기관 또는 시설의 유지·운영
  ② 법률상 지출의무의 이행 및 이미 예산으로 승인된 사업의 계속
- **국가별 예산 불성립 시 예산집행**

구분	기간	국회의결	지출항목	채택국가
준예산	기간 명시 없음	불필요	한정적	우리나라, 독일
가예산	1개월	필요	전반적	우리나라(1960년 이전), 프랑스
잠정예산	몇 개월	필요	전반적	미국, 일본, 영국, 캐나다

Theme 07 우리나라 예산의 결산

- 성인지 결산서의 작성(집행실적, 성평등 효과분석 및 평가 등을 포함)
- 온실가스감축인지 결산서의 작성(집행실적, 온실가스 감축 효과분석 및 평가 등을 포함)
- **결산의 효력**
  ① 결산결과 위법하거나 부당한 지출이 확인되더라도 정부활동을 무효나 취소할 수 없음.
  ② 결산은 정부의 예산집행의 결과가 정당한 경우 집행 책임을 해제하는 법적효과를 가짐.

Theme 08   기금

1   기금운용계획안의 수립

- 기금관리주체는 매년 1월 31일까지 기획재정부장관에게 중기사업계획서 제출
- 기획재정부장관은 기금운용계획안 작성지침을 매년 3월 31일까지 기금관리주체에게 통보
  - 🔍 기금별 지출한도를 포함하여 통보할 수 있음.
- 기금관리주체는 기금운용계획안을 작성하여 매년 5월 31일까지 기획재정부장관에게 제출
  - 🔍 기금관리주체 중 중앙관서의 장이 아닌 기금관리주체가 제출·협의 등을 하는 경우 소관 중앙관서의 장을 거쳐야 함.
- 기금운용계획안의 국회제출(회계연도 개시 120일 전까지)
  - 🔍 국회는 정부가 제출한 기금운용계획안의 주요항목 지출금액을 증액하거나 새로운 과목을 설치하고자 하는 때에는 미리 정부의 동의를 얻어야 함.
- 성인지 기금운용계획서의 작성, 온실가스감축인지 기금운용계획서의 작성

2   기금운용계획의 변경

기금관리주체는 다음 각 호의 어느 하나에 해당하는 경우에는 기금운용계획변경안을 국회에 제출하지 아니하고 대통령령으로 정하는 바에 따라 변경할 수 있음.
① **금융성 기금 외의 기금** : 10분의 2 이하
② **금융성 기금** : 10분의 3 이하

3   기금의 결산

- 각 중앙관서의 장은 소관 기금의 결산보고서를 중앙관서결산보고서에 통합하여 작성한 후 기획재정부장관에게 제출
- 성인지 기금결산서의 작성, 온실가스감축인지 기금결산서의 작성

Theme 09 성과관리

- 5년마다 재정사업 성과관리 기본계획을 수립하여야 함.
- 각 중앙관서의 장 및 기금관리주체는 매년 예산 및 기금에 관한 성과목표·성과지표가 포함된 성과계획서 및 성과보고서를 작성하여야 함.
- 각 중앙관서의 장은 예산요구서를 제출할 때 다음 연도 예산의 성과계획서 및 전년도 예산의 성과보고서를 함께 제출하여야 하며, 기금관리주체는 기금운용계획안을 제출할 때 다음 연도 기금의 성과계획서 및 전년도 기금의 성과보고서를 함께 제출하여야 함.
- 기획재정부장관은 재정사업의 성과평과 결과를 재정운용에 반영할 수 있음.
- 재정사업 성과관리 결과 등이 우수한 중앙관서 또는 공무원에게 표창·포상 등을 할 수 있음.

Theme 10 재정건전화

1 재정부담을 수반하는 법령의 제정 및 개정

- 재정부담을 수반하는 법률안을 제출하고자 하는 때에는 5회계연도의 재정수입·지출의 증감액에 관한 추계자료와 이에 상응하는 재원조달방안을 그 법률안에 첨부하여야 함.
- 추계자료와 재원조달방안을 작성하여 입법예고 전에 기획재정부장관과 협의하여야 함.

2 국세감면의 제한

국세 수입총액과 국세감면액 총액을 합한 금액에서 국세감면액 총액이 차지하는 비율(국세감면율)이 대통령령으로 정하는 비율 이하가 되도록 노력하여야 함.

3 추가경정예산안의 편성

- 정부는 확정된 예산에 변경을 가할 필요가 있는 경우에는 추가경정예산안을 편성할 수 있음.
  ① 전쟁이나 대규모 재해가 발생한 경우
  ② 경기침체, 대량실업, 남북관계의 변화, 경제협력과 같은 대내·외 여건에 중대한 변화가 발생하였거나 발생할 우려가 있는 경우
  ③ 법령에 따라 국가가 지급하여야 하는 지출이 발생하거나 증가하는 경우
- 정부는 국회에서 추가경정예산안이 확정되기 전에 이를 미리 배정하거나 집행할 수 없음.

4 세계잉여금 등의 처리

- 초과 조세수입으로 국채를 우선 상환할 수 있고, 이 경우 세입·세출 외로 처리할 수 있음.
- 세계잉여금을 사용하는 순서
  ① 교부금의 정산 → ② 100분의 30 이상을 공적자금상환기금에 출연 → ③ 100분의 30 이상을 채무를 상환하는 데 사용 → ④ 추가경정예산안의 편성에 사용 → ⑤ 다음 연도의 세입에 이입

5 국가채무의 관리 및 국가보증채무의 부담

- 기획재정부장관은 국가채무관리계획을 수립하여야 함.
- 국가가 보증채무를 부담하고자 하는 때에는 미리 국회의 동의를 얻어야 함.

Theme 11 보칙

- 국가의 예산 또는 기금과 관련하여 법령을 위반함으로써 국가에 손해를 가하였음이 명백한 때에는 누구든지 집행에 책임 있는 중앙관서의 장 또는 기금관리주체에게 불법지출에 대한 증거를 제출하고 시정을 요구할 수 있음.
- 중앙관서의 장 또는 기금관리주체는 처리결과에 따라 수입이 증대되거나 지출이 절약된 때에는 시정요구를 한 자에게 예산성과금을 지급할 수 있음.

Theme 12 예산

1 예산(재정)의 기능

3대 기능 (머스그레이브)	• 소득 재분배 기능: 차별 과세 및 사회보장적 지출을 통해 소외계층 지원 • 경제 안정화 기능: 고용, 물가 등 거시경제 지표들을 안정적으로 조절 • 자원 배분 기능: 시장실패 교정 및 사회적 최적 생산과 소비수준 달성
정치적 기능	다양한 이해관계의 조정과 타협으로 결정되며 입법부가 행정부를 통제
행정관리적 기능 (쉬크)	예산의 행정관리적 기능으로 통제, 관리, 계획 기능을 강조
법적 기능	국회의 심의·확정을 거친 예산을 통해 정부에 예산집행 권한을 부여

2 배분기구로서의 예산

- 예산의 본질적 모습은 예산을 통해 추진하고자 하는 정책과 사업
- 예산에는 정책결정자의 사실과 가치판단이 포함
- 거시적 배분은 민간부문과 공공부문 간의 자원 배분에 관한 결정, 미시적 배분은 주어진 예산의 총액 범위 내에서 각 대안 간에 자금을 배분

3 예산의 형식

- **법률주의와 예산주의**
  ① 법률주의: 세입·세출예산이 매년 의회에서 법률로써 확정, 미국, 영국
  ② 예산주의: 법률이 아닌 예산의 형식으로 의회 의결, 우리나라
- **우리나라의 예산**: 법률보다 하위의 효력, 예산안은 정부만 편성, 예산은 대통령이 거부권을 행사할 수 없음, 예산은 법률의 개폐가 불가능하고 법률로 예산을 변경할 수 없음.

4 윌다브스키(Wildavsky)의 예산문화론(점·세·보·반)

구분		경제력	
		높음	낮음
재정 예측력	높음	**점**증적 예산 (선진국)	**세**입 예산 [선진국(미국 등)의 지방정부]
	낮음	**보**충적 예산	**반**복적 예산

Theme 13 예산의 원칙

1 고전적 원칙[노이마르크(Neumark)] : 입법부 우위(통제 위주)

공개성의 원칙	모든 예산은 공개되어야 함(예외 : 국방비·국가정보원 예산).
명확성의 원칙	예산의 구조나 과목은 이해하기 쉽고 단순해야 함(예외 : 총액계상예산).
단일성의 원칙	국가의 예산은 하나로 존재해야 함(예외 : 특별회계, 추가경정예산, 기금).
총계주의 원칙 (완전성의 원칙)	한 회계연도의 세입과 세출은 모두 예산에 계상해야 함(예외 : 수입대체경비, 현물로 출자, 외국차관의 전대, 차관물자대, 순계예산, 기금).
통일성의 원칙	특정수입과 특정지출의 연계 금지, 모든 수입은 국고에 편입되고 여기에서부터 지출해야 함(예외 : 특별회계, 기금, 목적세, 수입대체경비).
사전의결의 원칙	회계연도 개시 전에 예산을 확정해야 함(예외 : 전용, 사고이월, 준예산, 재정상 긴급명령, 선결처분).
정확성(엄밀성)의 원칙	예산은 결산과 일치해야 함(예외 : 적자 또는 불용액 발생).
한정성(한계성)의 원칙	주어진 목적, 규모, 시간(기간)에 따라 집행해야 함. • 사용목적의 예외 : 이용과 전용 • 규모의 예외 : 예비비, 추가경정예산 • 시간의 예외 : 이월, 계속비

2 예산의 현대적 원칙[스미스(Harold D. Smith)] : 행정부 우위(행정부 재량)

보고의 원칙	예산의 편성, 심의, 집행은 공식적인 형식을 가진 재정 보고 및 업무 보고에 기초를 두어야 함.
책임의 원칙	예산집행 시 합법성, 경제성 등을 추구해야 함.
계획의 원칙	예산에 사업계획을 충실히 반영해야 함.
재량의 원칙	예산집행의 재량을 부여해야 함.
시기 신축성의 원칙	예산집행 시기의 신축성을 부여해야 함.
다원적 절차의 원칙	예산절차의 다양성을 부여해야 함.
예산관리수단 확보의 원칙	예산 통제와 신축성의 조화를 위한 다양한 관리 수단을 확보해야 함.
상호교류적 예산기구의 원칙	중앙예산기관(기획재정부)과 기관 내 예산기관은 상호교류·협력해야 함.

Theme 14 우리나라 예산의 신축성

총액예산	구체적 용도를 제한하지 아니하고 포괄적인 지출을 허용, 지방교부세 등 포괄보조금과 같은 형식
이용과 전용	예산의 목적 외 사용을 허용
추가경정예산	예산이 성립된 이후 상황 변화에 대처하기 위해 국회의결을 받아 편성
계속비	완공에 수년이 소요되는 사업의 총액과 연부금을 정하여 국회에서 의결
이체	중앙관서의 직무와 권한에 변동이 있는 때
이월	예산을 당해 회계연도에 집행하지 않고 다음 연도에 넘겨 사용
예비비	예측할 수 없는 예산 외의 지출 또는 예산초과지출에 충당
국고채무 부담행위	법률에 따른 것과 세출예산금액 또는 계속비 총액의 범위 안의 것 외에 채무를 부담하는 행위는 미리 예산으로써 국회의 의결을 얻어야 함.
수입대체경비	용역 또는 시설을 제공하여 발생하는 수입과 관련되는 경비로서 수입이 예산을 초과하거나 초과할 것이 예상되는 때에는 그 초과수입을 그 초과수입에 직접 관련되는 경비 및 이에 수반되는 경비에 초과지출할 수 있음.

Theme 15 예산결정이론

키	'어떤 기준에 따라 예산을 배분할 것인가?', 예산결정이론의 필요성 역설
대안적 예산 (루이스)	예산배분결정에 경제학적 접근법을 적용 ① **상대적 가치**: 기회비용에 입각한 상대적 가치를 의미하며, 지출로부터 발생하는 편익이 적어도 그 지출의 기회비용은 되어야 함. ② **증분분석**: 한계효용이 체감되기 때문에 예산을 몇 가지 다른 용도로 배분할 때 한계효용이 동일할 수 있도록 예산배분이 이루어져야 함. ③ **상대적 효과성**: 공동 목표에 대한 상대적 효과성에 의해서 상대적 가치를 비교할 수 있음.
총체주의	**경제적 합리성**을 강조(파레토 최적), 계획예산제도(PPBS), 영기준 예산제도(ZBB), 명확한 목표, 목표 간 명확한 우선순위
점증주의 (윌다브스키)	• 특징: **정치적 합리성**(이해당사자들의 타협, 상호작용), 정치적 가치, 예산결정이 간결하여 탐색과 분석에 소요되는 비용이 감소 • 비판: 본질적인 문제 해결방식이 아닌 현상 유지적·보수적 성향, 정책기능 약화, 지속적인 예산 증가 가능성, 기득권 세력 옹호 등 • 점증주의 유발요인: 관계의 규칙성, 외부적 요인의 영향 결여, 좁은 역할 범위를 지닌 참여자 간의 협상

예산극대화 모형 (니스카넨)	• **관료**: 권력확보를 위하여 자신의 부처 예산극대화를 추구하려고 하여, 총편익곡선 　(TB)과 총비용곡선(TC)이 교차하는 지점에서 공공서비스를 공급 • **정치인**: 사회후생의 극대화를 추구하여 순편익이 최대가 되는 수준(한계편익 ＝ 한 　계비용)에서 공공서비스를 공급
실시간 예산운영 (루빈)	다섯 가지의 의사결정 흐름은 느슨하게 연결된 상호의존성 ① **세입** 흐름에서의 의사결정: **설득의 정치** ② **세출** 흐름에서의 의사결정: **선택의 정치** ③ **예산 균형** 흐름에서의 의사결정: **제약조건의 정치** ④ **예산 집행** 흐름에서의 의사결정: **책임성의 정치** ⑤ **예산 과정** 흐름에서의 의사결정: **어떻게 예산을 결정하는가, 누가 예산을 결정하는 　가의 정치**
다중합리성모형 (월로비&서메이어)	• 관료들의 정부예산 **과정적 접근**방법에 미치는 영향을 주로 분석 • 합리성은 경제·정치·사회·법 등 **다양한 측면**에서 이루어짐. • **미시적 수준**의 연구, 예산 과정 각 단계에서 예산 활동 및 행태를 **구분**해야 함을 강조
단절균형모형	단절현상발생 후 다시 균형을 지속하는 형태, 사후적 분석으로 적절

Theme 16　재정정책을 위한 예산

조세지출예산	• 비과세, 감면, 소득공제, 세액공제, 우대세율, 과세이연 등 세제상 혜택 • 국회에서 통제, 중앙정부는 2011년부터, 지방자치단체는 2010년부터 시행 • 간접지출의 성격을 가지며, 세출예산상의 보조금과 같은 경제적 효과, 경직성이 강함.
자본예산	경기침체 시 적자예산·경기과열 시 흑자예산을 편성, 중장기 예산운영이 가능, 재정 안정화 감소, 인플레이션·재정적자 은폐 우려
성인지예산	• 성 주류화의 적용 및 성인지적 관점에서 출발, 1984년 호주에서 처음 도입, 우리나라 　는 2010 회계연도에 성인지 예산서가 처음으로 국회에 제출 • 우리나라는 중앙정부 및 지방자치단체 모두 성인지 예산서와 결산서 작성을 의무화 　하고 있고, 성인지 예산서는 예산안과 함께 국회에 제출해야 하는 첨부서류

Theme 17 예산의 분류

품목별(성질별) 분류	인건비, 교육훈련비 등 공통적인 지출 항목별로 분류, 사업의 지출성과와 결과에 대한 측정이 곤란, 예산집행의 신축성을 저해
기능별 분류	국방, 교육, 농림수산 등 정부활동을 중심으로 분류, 시민을 위한 분류, 회계책임이 불명확
조직별 분류	예산을 사용하는 조직별로 분류, 지출 목적이나 성과파악이 어려움.
경제성질별 분류	국민경제에 미치는 총체적인 효과가 어떠한가를 기준으로 분류, 예컨대 자본지출과 경상지출로 구분할 수 있음.
프로그램별 분류	• 프로그램은 예산 및 성과관리의 기본단위로서 정책과 성과중심의 예산운영 • 자원배분의 투명성 확보, 국민이 예산 사업을 쉽게 이해할 수 있음.

Theme 18 예산제도

품목별 예산제도	투입 중심, 통제 지향적, 예산심의 및 회계책임 용이, 사업과 그 효과에 대한 명확한 정보를 제공하지 못함, 많은 국가에서 여전히 활용 중
성과주의 예산제도	• 사업 또는 활동별로 편성, 국민들이 쉽게 이해할 수 있음, 산출물 강조, 관리의 능률성 향상, 예산심의 용이 • 개별사업만 중시, 업무단위 선정·단위원가 계산·질적인 측면은 평가하기 어려움, 자원의 최적배분, 사업의 필요성과 타당성 등을 알기 어려움.
계획예산제도	• 1960년대 케네디 행정부의 국방부 장관인 맥나마라가 국방부에 최초 도입 • 중장기적 전략기획에 따라 예산이 뒷받침, 체제분석·비용편익분석 사용, 부처 간의 경계를 뛰어넘는 자원배분의 합리화, 의사결정이 집권화
목표관리제도	부서 목표와 예산지출을 연계, 단기적인 목표 설정
영기준 예산제도	• 예산편성 시 백지상태에서 모든 사업을 평가, 1970년대 후반 미국 카터 행정부 시기에 연방정부 차원에서 채택 • 합리적 선택을 강조하는 총체주의 방식의 예산제도, 관리자와 실무자의 참여 촉진, 재정의 경직성 완화, 감축관리, 의사결정단위설정·의사결정 패키지 작성, 시간·노력·비용 과중
일몰법 예산	• 타당성이 없다고 판명되면 자동적으로 폐지하는 제도, 입법기관이 재검토 • 영기준(행정과정, 단기적 성격) vs 일몰제(입법과정, 장기적 성격)

Theme 19 재정개혁

1 현대행정의 재정운영 패러다임

- 성과중심, 디지털 정보시스템, 시민들이 주체, 성인지 예산
- **신성과주의(결과기준) 예산제도**
  ① 투입보다는 산출 또는 성과 중심, 재정사업의 목표·결과·재원을 연계
  ② 단순한 산출(output)이 아니라 근본적인 결과(outcome)에 관심
- **외국의 재정개혁**
  ① 클린턴 행정부는 결과 지향적 예산제도의 일환으로 GPRA, 미국 부시 행정부는 PART
  ② 영국의 경우 1982년에 재정관리 프로그램, 2000년 토니 블레어 정부에서 최고의 가치(Best Value) 프로그램
  ③ 호주의 경우 지출통제를 위해서 지출심사위원회를 두어 새로운 정책과 예산을 검토
  ④ 뉴질랜드의 경우 1988년에 국가부문법을 제정하여 예산개혁을 추진
- 억울한 책임, 성과책임의 애로, 목표·성과기준 설정의 애로, 성과 비교의 애로, 표준적 성과측정지표를 개발하기 어려움.

2 우리나라 재정사업 성과관리제도

- **재정성과 목표관리제도** : 각 부처의 성과계획서 및 성과보고서를 통해 설정된 성과 목표의 달성여부를 모니터링
- **재정사업 평가제도**
  ① 재정사업 자율평가제도 : 예산, 기금이 투입되는 모든 재정사업을 대상으로 하는 부처가 자율적으로 자체평가하고, 기획재정부는 핵심사업을 별도로 산정하여 직접 평가·분석
    🔍 재정사업 자율평가는 미국 관리예산처(OMB)의 PART를 우리나라 실정에 맞게 도입
  ② 재정사업 심층평가제도 : 재정사업자율평가 결과 추가적인 평가가 필요하다고 판단되는 사업, 부처 간 유사·중복 사업 또는 비효율적인 사업 추진으로 예산 낭비의 소지가 있는 사업 등을 대상으로 기획재정부장관이 심층평가함.

3 총괄배정예산(우리나라의 총액배분자율편성 예산제도)

의미	설정된 예산상한선 내에서 자율적으로 예산을 편성하는 제도로, 각 부처는 예산 총액 한도 내에서 자율성과 책임을 갖게 됨.
특징	• 미래예측을 강조함으로써 점증주의적 예산관행을 바꾸는 데 기여 • 무분별한 예산 과다요구 − 대폭삭감 관행을 줄일 수 있음. • 각 부처의 전문성을 활용하기 용이 • 장기적인 전망과 계획이 필요하고, 중앙예산기관과 정부부처 사이의 정보의 비대칭성을 완화하려는 목적 • 기획재정부(재정당국)이 하향적으로 지출한도를 설정하고, 사업별 예산통제 기능을 유지 • 재원배분결정이 정치적 타협에 치우쳐 정책파행을 초래할 수 있고, 국가재원의 전략적 배분을 위한 협의과정에서 갈등의 조정이 쉽지 않음.

4 디브레인(dBrain)

- 우리나라 정부 세입과 예산 편성·집행·평가 등 국가 재정 활동상의 정보를 실시간으로 확인하고 분석할 때 사용하는 디지털 국가 예산회계시스템
- 노무현 정부 당시(2007년) 재정개혁의 일환으로 구축되어, 투명성 상승 및 예산과 결산의 심의가 용이해짐, 재정당국은 집행 성과와 정보를 바탕으로 합리적 예산 배분이 가능해짐.
  ⊕ 지방자치단체는 e-호조(지방재정관리시스템)를 통해 처리

5 지출통제예산(우리나라 총액계상 예산제도)

예산 총액만 통제하고 구체적인 항목에 대해서는 집행부에 대한 재량을 확대하는 예산제도
⊕ 신임예산 : 영국과 캐나다에서 사용하는 것으로, 비상시 지출이나 국가의 안전보장 등을 이유로 의회에서 총액만 결정하고 구체적인 용도는 행정부가 결정하여 지출하는 제도

6 재정준칙

의미	채무(채무 상한선 설정), 수지(재정적자 상한선 설정), 지출(지출 상한선 설정), 수입(수입 상한선 설정) 등에 대한 총량적 목표치를 준수
특징	• **채무준칙** : 재정 건전성을 확보하기 위해 국가채무 규모에 상한선을 설정 • **재정수지준칙** : 경기변동과 무관하게 설정되므로 경제 안정화를 오히려 저해할 수 있음. • **재정지출준칙** : 경제성장률이나 재정적자 규모의 예측에 의존하지 않는다는 장점이 있지만, 조세지출을 우회적으로 활용함으로써 재정건전성이 훼손될 가능성이 있음.

Theme 20 지출충당

1 조세

장점	현 세대의 의사결정에 대한 재정부담이 미래세대로 전가되지 않음, 납세자인 국민들은 정부 지출을 통제			
단점	• 조세를 통해 투자되는 시설은 과다 수요 혹은 과다 지출 발생 우려 • 과세의 대상과 세율을 결정하는 절차가 복잡하고 시간이 많이 소요됨. • 미래 세대까지 혜택이 발생하는 자본투자를 조세수입에 의해 충당할 경우 세대 간 비용·편익의 형평성 문제가 발생			
국세의 종류	내국세	보통세	직접세	소득세, 법인세, 상속세, 증여세, 종합부동산세
			간접세	부가가치세, 개별소비세, 주세, 인지세, 증권거래세
		목적세		교육세, 농어촌특별세, 교통·에너지·환경세
	관세			—

2 세외수입(부담금 등)

대가성 없이 강제로 징수하는 조세수입과 달리 공공서비스 등의 대가로 징수하는 수입으로 경상수입과 임시수입으로 구분
• **경상수입**: 반복적·규칙적 수입으로 조세, 수수료, 임대료 등이 포함
• **임시수입**: 불규칙적인 일시적 수입으로 재산매각수입, **부담금*** 등이 포함

> 재화 또는 용역외 제공과 관계없이 특정 공익사업과 관련하여 법률에서 정하는 바에 따라 부과하는 조세 외의 금전지급의무, 수익자 부담의 원칙 적용, 기획재정부장관 소속으로 부담금운영심의위원회 설치

3 국가채무

금전채무	• 국가의 회계 또는 기금이 발행한 채권
	  🔍 국공채 발행을 통한 사업으로 편익을 보게 될 경우 후세대도 비용을 부담하기 때문에 세대 간 형평성을 높일 수 있음.
	  🔍 국채의 종류에는 국고채권, 외국환평형기금채권, 국민주택채권, 재정증권이 있지만 재정증권은 국가채무에 포함되지 않음.
	• 국가의 회계 또는 기금의 차입금
	• 국가의 회계 또는 기금의 국고채무부담행위 등

국가채무 불포함	• 재정증권 또는 한국은행으로부터의 일시차입금 • 채권 중 국가의 회계 또는 기금이 인수 또는 매입하여 보유하고 있는 채권 • 차입금 중 국가의 다른 회계 또는 기금으로부터의 차입금

Theme 21 정부회계

1 현금주의 vs 발생주의 회계방식

현금주의	현금이 입금 또는 지급된 시점을 기반으로 기록·보고하는 회계방식으로 절차와 운영이 단순하여 이해가 쉬움.
발생주의	• 경제적 자원에 변동을 주는 사건이 발생된 시점에 거래를 인식하는 방식 • 건전성 확보, 효율성·투명성·책임성 제고 • 미래지향적 재정관리, 복식부기를 용이하게 하여 자기검증(회계오류 방지) • 자의적인 회계처리가 불가피, 부실채권에 대한 정보 왜곡이 발생할 가능성

2 단식부기 vs 복식부기

단식부기	현금의 수지와 같이 단일 항목의 증감을 중심으로 기록하는 방식
복식부기	• 대차평균의 원리에 따라 차변과 대변에 이중 기록하는 방식, 자기검증 기능 　① 차변: 자산증가, 자본감소, 부채감소, 비용발생 　② 대변: 자산감소, 자본증가, 부채증가, 수익발생 • 단식부기는 현금주의 회계와 복식부기는 발생주의 회계와 밀접한 관계

3 우리나라의 정부회계

• 중앙정부는 2009년부터, 지방자치단체는 2007년부터 발생주의·복식회계 방식을 도입
• 중앙정부 및 지방정부의 재무제표 구성(**재·재·순**)
　① 국가회계법에 따른 재무제표: **재**정상태표, **재**정운영표, **순**자산변동표
　② 지방회계법에 따른 재무제표(**주석을 포함**한다.): **재**정상태표, **재**정운영표, **순**자산변동표

지방자치

지방자치

Theme 01 지방자치(自治, 스스로 다스림)

1 지방자치와 우리나라 지방선거

지방자치의 필요성	민주주의 훈련, 다양한 정책실험의 실시, 지역주민에 행정의 반응성 제고, 지역실정에 맞는 다양한 공공서비스 제공 ↔ 중앙집권의 필요성: 국가사무의 통일성, 규모의 경제
지방자치와 지방행정	• 넓은 의미의 지방행정의 개념은 관치행정, 위임행정, 자치행정 모두를 포함하고 가 장 좁은 의미의 지방행정은 자치행정만을 의미 • 지방자치가 발달한 영·미에서 실시하는 지방행정은 자치행정만을 의미하지만, 우 리나라의 경우 자치행정과 위임행정을 포함
지방선거	• 1952년 이승만 정부에서 처음으로 시·읍·면 의원을 뽑는 지방선거를 실시 • 1956년 제2회 지방선거(특별시장·도지사는 대통령이 임명) • 1960년 제3회 지방선거가 치러진 직후인 1961년부터 지방선거가 폐지 • 1991년 노태우 정부 때 지방의회선거 실시(지방자치의 부활) • 1995년 김영삼 정부 때부터 전국동시지방선거를 시행해 오고 있음.
정당공천제	2006년부터 광역·기초 단체장 및 지방의회선거 모두 정당공천제를 허용 ⊕ 다만, 교육감 선거에는 정당공천제가 허용되지 않음.
선거구	광역의회는 소선거구제(1선거구에 1명 당선), 기초의회는 중선거구제(1선거구에 2 ~ 4명 당선)를 채택

2 주민자치(지역주민 관점) vs 단체자치(행정기관 관점)

구분	주민자치	단체자치
관점	지방주민의 의사와 책임하에 스스로 그 지역의 공공사무를 처리 (주민참여 중요, 정치적 의미가 강함.)	지방자치단체는 지방의 자치행정기관으로서 이중적 지위 (자치단체 + 일선기관) (중앙으로부터 독립 강조)
해외 사례	미국과 영국에서 발달	독일과 프랑스, 일본에서 발달
기관구성	기관통합형	기관대립형
자치권 인식	고유권	전래권
사무구분	자치사무와 위임사무를 구분하지 않음.	자치사무와 위임사무를 구분
권한부여	개별적 지정(수권)주의	포괄적 위임주의
중앙정부	중앙정부와 기능적 협력관계	중앙정부와 권력적 감독관계

지방자치란?	내용적·본질적 요소	형식적·법제적 요소
사무처리 재량의 범위	크다.	작다.
중앙통제	약함(입법·사법적 통제).	강함(행정적 통제).

Theme 02 정부 간 관계

1 정부 간 관계 모형 및 사례

전통이론	• 동반자형: 중앙정부와 지방정부는 대등한 관계 • 대리인형: 중앙정부가 지방정부를 완전히 지배·통제		
라이트의 모형	라이트는 중첩권위형을 가장 이상적인 모형으로 간주 내포권위형 　　　　 중첩권위형 　　　　 동등권위형		
	구분	내포권위형	중첩권위형	동등권위형
	관계	중앙에 완전히 의존하는 관계	정치적 타협과 협상에 의한 상호의존	독립적 관계
	주정부 사무	기관위임사무	고유사무 > 기관위임사무	고유사무
	재정·인사	종속	상호교류	독립
	정부의 권위	계층적	협상적	독립적
로즈의 자원 – 의존 모형	정부 간의 상호작용을 '자원의 교환과정'으로 인식하여, 중앙정부는 법적 자원, 재정적 자원에서 우위를 점하고 지방정부는 정보자원과 조직자원 측면에서 우위를 점하므로 상호의존		
딜런의 규칙과 쿨리의 원칙	• 딜런의 규칙: 지방정부는 '주정부의 피조물' • 쿨리의 원칙: 지방정부의 자치권은 절대적인 것		
해외사례	• 미국은 건국 초기 연방정부와 주 정부가 상호 독자적 관계를 유지 • 일본은 1990년대 지방분권추진법 제정 등 지방분권화가 진행 중 • 영국의 경우 수권 받은 사무에 대해서만 자치권을 인정		

2 **지방분권과 신중앙집권화**

지방분권의 확대	도시경쟁력 확보가 중요, 중앙집권 체제가 초래하는 낮은 대응성과 구조적 부패, 신공공관리론에 근거한 정부혁신
신중앙집권화	• 생활권역의 확대, 지방자치단체 간 재정력 격차의 확대, 전국적인 문제 발생 • 신중앙집권은 수평적 · 협동적 집권으로 능률과 민주화의 조화를 도모 • 우리나라의 지방분권추진위원회 : 대통령 소속 지방시대위원회 　① 지방자치분권 및 지역균형발전에 관한 특별법에 따라 지방시대 종합계획 수립 　② 지방분권 관련 추진위원회 연혁 : 지방이양추진위원회(김대중 정부) → 정부혁신 　　지방분권위원회(노무현 정부) → 지방분권촉진위원회(이명박 정부) + 지방행정 　　체제개편추진위원회(이명박 정부) → 지방자치발전위원회(박근혜 정부) → 자치 　　분권위원회(문재인 정부) → 지방시대위원회(윤석열 정부)

Theme 03　지역사회의 권력구조

성장기구론	• 성장연합 : 부동산의 교환가치를 강조, 토지자산가와 개발자 • 반성장연합 : 부동산의 사용가치를 강조, 일부 지역주민과 환경운동단체 • 두 연합 간 대결구도에서 대체로 성장연합이 승리하여 권력을 쟁취
레짐이론	• 지방정부와 지방의 민간부문 주요 주체가 연합하여 권력기반을 형성 • 스톤이 제시한 네 가지 레짐 표
다원주의와 신다원주의	• 다원주의 : 지방정부를 포함해 서로 필요한 자원을 가진 집단들은 연합을 통하여 비교적 안정적으로 지역사회를 이끌어 감. • 신다원주의 : 고전적 다원주의와 달리, 기업이나 개발관계자들이 우월적 지위를 가지고 있음.
엘리트론과 신엘리트론	• 엘리트론 : 헌터와 몰로치는 엘리트론적 관점에서 지역사회의 권력이 지역의 경제엘리트를 중심으로 형성된다고 주장 • 신엘리트론 : 사회적 엘리트들은 무의사결정 방식에 의하여 영향력을 행사

레짐이론 내 표:

구분	현상유지 레짐	개발레짐	중산계층 진보레짐	하층기회 확장레짐
추구하는 가치	현상유지	지역개발	환경보호, 삶의 질	저소득층 보호, 직업교육
구성원 간 관계	친밀성이 강함.	갈등	참여와 감시 강조	대중동원이 과제
생존능력	강함.	비교적 강함.	보통	약함.

Theme 04 지방자치단체의 구조

1 단층제와 중층제

단층제	• 행정지연의 낭비를 줄일 수 있음, 행정책임을 명확 • 중앙집권화 우려, 국토가 넓거나 인구가 많은 국가에서 채택하기 곤란
중층제	• 광역지방자치단체에 감독기능을 위임하여 감독기능을 유지 • 기초자치단체와 중앙정부의 의사소통이 원활하지 못할 수 있음, 기능배분의 불명확성과 행정책임의 모호성

2 지방자치단체의 기관구성

기관통합형	• 주민 직선으로 지방의회를 구성하고 의회 의장이 단체장을 겸하는 방식 • 영국의 의회형이 대표적이고, 행정의 안정성과 능률성이 높음. • 권한과 책임이 의회에 집중되어 권력남용의 우려가 있음. • 미국의 위원회형은 주민직선으로 선출된 의원들이 집행부서의 장을 맡음.
기관대립형	• 주민이 직선으로 시장과 지방의회를 구성, 견제와 균형 관계로 대통령제와 비교적 유사, 행정의 전문성 발달에 유리 • 우리나라가 채택, 집행부와 지방의회의 마찰로 인한 비효율성이 발생할 수 있음, 세부적으로 '강시장 – 의회', '약시장 – 의회' 형태로 구분할 수 있음.
절충형	미국의 의회 – 시지배인 형태에서 시지배인이 실질적인 기능을 수행하고, 의회에서 간접적으로 선출되는 시장은 의례적이고 명목적인 기능을 수행

Theme 05 우리나라의 지방자치단체

1 지방자치단체의 종류 및 자치권

종류	• 특별시, 광역시, 특별자치시, 도, 특별자치도 • 시, 군, 구 🔍 자치구의 자치권의 범위는 법령으로 정하는 바에 따라 시·군과 다르게 할 수 있음.
자치사법	자치사법권이 부여되지 않아 다른 국가들에 비해 자치권이 제약
자치입법	개별법 우선 적용의 원칙에 의해 자치입법권이 제약
자치재정	조례를 통한 독립적인 지방 세목은 설치할 수 없음.
자치조직	표준운영제 → 총액인건비제 → 기준인건비제
법인격과 관할	• 지방자치단체는 법인 • 인구 50만 이상의 시에는 자치구가 아닌 구를 둘 수 있음. • 지방자치단체의 장의 선임방법을 포함한 지방자치단체의 기관구성 형태를 달리할 수 있고, 이 경우 주민투표를 거쳐야 함.

2 지방자치단체의 구조

행정계층	자치계층	광역자치단체 (17개)	서울 특별시	광역시(6개)		도(6개), 전북특별자치도, 강원특별자치도		제주특별 자치도	세종특별 자치시
		기초자치단체 (228개)	자치구	자치구	군	시	군	(특별법상 기초자치 단체를 두지 않음.)	
		행정구, 행정시				행정구		행정시 (제주시, 서귀포시)	
		읍면동	동	동	읍, 면	읍, 면, 동	읍, 면	읍, 면, 동	

Theme 06 우리나라 지방자치단체의 기능과 사무

1 사무배분의 기본원칙

• 사무는 서로 중복되지 아니하도록 배분, 포괄적으로 배분
• 지역주민생활과 밀접한 관련이 있는 사무는 원칙적으로 시·군 및 자치구의 사무, 시·군 및 자치구가 처리하기 어려운 사무는 시·도의 사무, 시·도가 처리하기 어려운 사무는 국가의 사무로 각각 배분

2 사무처리의 기본원칙

- 지방자치단체는 사무를 처리할 때 주민의 편의와 복리증진을 위하여 노력하여야 함.
- 지방자치단체는 조직과 운영을 합리적으로 하고 규모를 적절하게 유지하여야 함.
- 지방자치단체는 법령을 위반하여 사무를 처리할 수 없으며, 시·군 및 자치구는 해당 구역을 관할하는 시·도의 조례를 위반하여 사무를 처리할 수 없음.

3 국가와 지방의 사무

사무배분방식	우리나라는 지방자치법에 따라 포괄적 예시주의 취하고 있음.
지방자치단체의 사무 (자치사무 또는 단체위임사무)	• 지방자치단체의 구역, 조직, 행정관리 등에 관한 사무 • 주민의 복지증진에 관한 사무 예 보건소의 운영업무 • 농림·상공업 등 산업 진흥에 관한 사무 • 지역개발과 주민의 생활환경시설의 설치·관리에 관한 사무 • 교육·체육·문화·예술의 진흥에 관한 사무 • 지역민방위 및 지방소방에 관한 사무
시·도의 사무	• 행정처리 결과가 2개 이상의 시·군 및 자치구에 미치는 광역적 사무 • 시·도 단위로 동일한 기준에 따라 처리되어야 할 성질의 사무 • 지역적 특성을 살리면서 시·도 단위로 통일성을 유지할 필요가 있는 사무 • 국가와 시·군 및 자치구 사이의 연락·조정 등의 사무 • 시·군 및 자치구가 독자적으로 처리하기 어려운 사무 • 2개 이상의 시·군 및 자치구가 공동으로 설치하는 것이 적당하다고 인정되는 규모의 시설을 설치하고 관리하는 사무
시·군 및 자치구의 사무	시·도가 처리하는 것으로 되어 있는 사무를 제외한 사무를 처리하고, 인구 50만 이상의 시에 대해서는 도가 처리하는 사무의 일부를 직접 처리하게 할 수 있음. 🔍 시·도와 시·군 및 자치구는 사무를 처리할 때 서로 겹치지 아니하도록 하여야 하며, 사무가 서로 겹치면 시·군 및 자치구에서 먼저 처리
국가사무의 처리제한	• 외교, 국방, 사법, 국세 등 국가의 존립에 필요한 사무 • 물가정책, 금융정책, 수출입정책 등 전국적으로 통일적 처리를 요하는 사무 • 농산물·임산물·축산물·수산물 및 양곡의 수급조절과 수출입 등 전국적 규모의 사무 • 국가종합경제개발계획, 국가하천, 국유림, 국토종합개발계획, 지정항만, 고속국도·일반국도, 국립공원 등 전국적 규모나 이와 비슷한 규모의 사무 • 근로기준, 측량단위 등 전국적으로 기준을 통일하고 조정하여야 할 필요가 있는 사무 • 우편, 철도 등 전국적 규모나 이와 비슷한 규모의 사무 • 고도의 기술을 요하는 검사·시험·연구, 항공관리, 기상행정, 원자력개발 등 지방자치단체의 기술과 재정능력으로 감당하기 어려운 사무

PART 06

4 위임사무(기관위임, 단체위임)와 자치사무

기관위임사무	• 의미 : 지방자치단체의 장에게 위임된 사무, 비용은 원칙적으로 위임기관이 전액부담 • 결정 : 조례제정 불가 • 문제점 : 책임소재의 불분명, 국가의 하급기관으로 전락시키는 요인, 지방적 특수성이 희생
단체위임사무	• 의미 : 지방자치단체로 위임된 사무, 지방자치단체와 국가는 공동책임 및 비용을 공동부담, 예방접종, 보건소의 운영 등 • 결정 : 지방의회가 조례제정권을 가짐. • 관리감독 : 예방적 감독은 원칙적으로 배제되고, 합법성・합목적성에 대한 사후 감독
자치사무	• 의미 : 자기의 책임과 부담으로 처리하는 사무 • 결정 : 지방자치단체가 스스로 결정 • 관리감독 : 합법성에 대한 사후 감독만 가능

5 사무이양

위임된 사무는 원칙적으로 폐지하고, 자치사무와 국가사무로 이분화

6 보충성의 원칙

• 기초지방자치단체가 처리하기 곤란한 사무는 광역지방자치단체가, 광역지방자치단체가 처리하기 곤란한 사무는 중앙정부가 처리(경합시 : 기초 > 광역 > 중앙정부)
• 기능 배분에 있어 가까운 정부에 우선적 관할권을 부여하고, 민간이 처리할 수 있다면 정부가 관여해서는 안 됨.

Theme 07 주민의 참여

1 주민참여 확대의 효과

• 정책집행의 순응성 제고, 정책의 민주성과 정당성 증대, 시민의 역량과 자질 증대
• 행정적 비용의 증가, 비효율성, 참여자의 비전문성 등이 문제될 수 있음.
• 아른슈타인이 분류한 주민참여(M・T, I・C・P, P・D・C)
  ① 비참여 : 조작(Manipulation) < 임시치료(교정, Therapy)
  ② 형식적 참여 : 정보제공(Informing) < 상담(Consultation) < 회유(유화, Placation)
  ③ 주민권력적 참여 : 대등협력(Partnership) < 권한위임(Delegated power) < 자주관리(Citizen control)

2 주민의 자격과 권리

- 지방자치단체의 구역에 주소를 가진 자는 그 지방자치단체의 주민
- 주민은 지방자치단체의 정책의 결정 및 집행 과정에 참여할 권리를 가짐.
- 주민은 재산과 공공시설을 이용할 권리와 균등하게 행정의 혜택을 받을 권리를 가짐.
- 주민은 지방의회의원과 지방자치단체의 장의 선거에 참여할 권리를 가짐.

3 조례의 제정과 개정·폐지 청구

의미	• 주민이 조례의 제정과 개정·폐지를 청구하는 것으로, 1999년 지방자치법 개정으로 주민감사청구와 함께 도입되어 2000년부터 시행 • 조례의 제정과 개정·폐지청구는 「지방자치법」 제19조에 규정되어 있으나, 세부사항은 「주민조례발안에 관한 법률」에서 따로 정하고 있음.
주민조례 청구권자	18세 이상의 주민으로서 다음 각 호의 어느 하나에 해당하는 사람(공직선거법에 따른 선거권이 없는 사람은 제외)은 지방의회에 청구할 수 있음. ① 해당 지방자치단체의 관할 구역에 주민등록이 되어 있는 사람 ② 영주할 수 있는 체류자격 취득일 후 3년이 지난 외국인으로서 해당 지방자치단체의 외국인등록대장에 올라 있는 사람
주민조례 청구 요건	각 호의 기준 이내에서 조례로 정하는 청구권자 수 이상의 연대 서명 ① 특별시 및 인구 800만 이상의 광역시·도: 청구권자 총수의 200분의 1 ② 인구 800만 미만의 광역시·도, 특별자치시, 특별자치도 및 인구 100만 이상의 시: 청구권자 총수의 150분의 1 ③ 인구 50만 이상 100만 미만의 시·군 및 자치구: 청구권자 총수의 100분의 1 ④ 인구 10만 이상 50만 미만의 시·군 및 자치구: 청구권자 총수의 70분의 1 ⑤ 인구 5만 이상 10만 미만의 시·군 및 자치구: 청구권자 총수의 50분의 1 ⑥ 인구 5만 미만의 시·군 및 자치구: 청구권자 총수의 20분의 1
주민조례청구 제외 대상	• 법령을 위반하는 사항 • 지방세·사용료·수수료·부담금을 부과·징수 또는 감면하는 사항 • 행정기구를 설치하거나 변경하는 사항 • 공공시설의 설치를 반대하는 사항
주민청구조례안의 심사 절차	지방의회는 주민청구조례안이 수리된 날부터 1년 이내에 의결하여야 하고, 본회의 의결로 1년 이내의 범위에서 한 차례만 그 기간을 연장할 수 있음.

PART 06

4 주민의 감사청구

의미	• 지방자치단체와 그 장의 권한에 속하는 사무의 처리가 법령에 위반되거나 공익을 현저히 해친다고 인정되면 연대서명하여 시·도의 경우에는 주무부장관에게, 시·군 및 자치구의 경우에는 시·도지사에게 감사를 청구 • 지방자치법 제21조에 규정되어 있고, 2000년부터 시행
청구권자	18세 이상의 주민으로서 다음 각 호의 어느 하나에 해당하는 사람(공직선거법에 따른 선거권이 없는 사람은 제외) ① 해당 지방자치단체의 관할 구역에 주민등록이 되어 있는 사람 ② 영주할 수 있는 체류자격 취득일 후 3년이 지난 외국인으로서 해당 지방자치단체의 외국인등록대장에 올라 있는 사람
주민의 감사 청구요건	해당 범위 이내에서 조례로 정함. ① 시·도: 300명 ② 인구 50만 이상 대도시: 200명 ③ 그 밖의 시·군 자치구: 150명
주민의 감사청구 제외 대상	• 수사나 재판에 관여하게 되는 사항 • 개인의 사생활을 침해할 우려가 있는 사항 • 다른 기관에서 감사하였거나 감사 중인 사항. 다만, 다른 기관에서 감사한 사항이라도 새로운 사항이 발견되거나 중요 사항이 감사에서 누락된 경우와 주민소송의 대상이 되는 경우에는 그러하지 아니함. • 동일한 사항에 대하여 소송이 진행 중이거나 그 판결이 확정된 사항
청구기한	사무처리가 있었던 날이나 끝난 날부터 3년이 지나면 제기할 수 없음.
감사기간	수리한 날부터 60일 이내에 감사청구된 사항에 대하여 감사를 끝내야 함.

5 주민투표제

의미	• 주민에게 과도한 부담을 주거나 중대한 영향을 미치는 지방자치단체의 주요 결정사항 등에 대하여 주민투표를 통해 결정하는 제도 • 주민투표법이 2004년 제정·시행되어 오고 있고, 「지방자치법」 제18조에 규정되어 있으나, 세부사항은 「주민투표법」에서 따로 정하고 있음.
주민투표사무의 관리	특별시·광역시 또는 도에 있어서는 특별시·광역시·도 선거관리위원회가, 자치구·시 또는 군에 있어서는 구·시·군 선거관리위원회가 관리
주민투표권	18세 이상의 주민 중 다음 각 호의 어느 하나에 해당하는 사람에게는 주민투표권이 있음(선거권이 없는 사람에게는 주민투표권이 없음.). ① 그 지방자치단체의 관할 구역에 주민등록이 되어 있는 사람 ② 출입국관리 관계 법령에 따라 대한민국에 계속 거주할 수 있는 자격을 갖춘 외국인으로서 지방자치단체의 조례로 정한 사람
주민투표의 대상	주민에게 과도한 부담을 주거나 중대한 영향을 미치는 지방자치단체의 주요결정사항

주민투표에 부칠 수 없는 사항	• 법령에 위반되거나 재판중인 사항 • 국가 또는 다른 지방자치단체의 권한 또는 사무에 속하는 사항 • 지방자치단체의 예산 편성·의결 및 집행, 회계·계약 및 재산관리에 관한 사항과 지방세·사용료·수수료·분담금 등 각종 공과금의 부과 또는 감면에 관한 사항 • 행정기구의 설치·변경에 관한 사항과 공무원의 인사·정원 등 신분과 보수에 관한 사항 • 다른 법률에 의하여 주민대표가 직접 의사결정주체로서 참여할 수 있는 공공시설의 설치에 관한 사항. 다만, 지방의회가 주민투표의 실시를 청구하는 경우에는 그러하지 아니함. • 동일한 사항(그 사항과 취지가 동일한 경우를 포함)에 대하여 주민투표가 실시된 후 2년이 경과되지 아니한 사항
주민투표의 실시요건	지방자치단체의 장은 다음 각 호의 어느 하나에 해당하는 경우에는 주민투표를 실시할 수 있음. ① **주민이 주민투표의 실시를 청구하는 경우*** 　주민투표청구권자 총수의 20분의 1 이상 5분의 1 이하의 범위에서 지방자치단체의 조례로 정하는 수 이상의 서명으로 그 지방자치단체의 장에게 주민투표의 실시를 청구할 수 있음. ② 지방의회가 제5항에 따라 주민투표의 실시를 청구하는 경우 ③ 지방자치단체의 장이 주민의 의견을 듣기 위하여 필요하다고 판단하는 경우
주민투표의 형식	찬성 또는 반대의 의사표시를 하거나 두 가지 사항 중 하나를 선택
주민투표결과의 확정	• 주민투표권자 총수의 4분의 1 이상의 투표와 유효투표수 과반수의 득표로 확정 • 주민투표권자 총수의 4분의 1에 미달되거나 주민투표에 부쳐진 사항에 관한 유효득표수가 동수인 경우에는, 찬성과 반대 양자를 모두 수용하지 아니하거나 양자택일의 대상이 되는 사항 모두를 선택하지 아니하기로 확정된 것으로 봄.
사례	2011년 서울특별시의 무상급식정책에 대한 주민투표가 실시되었으나, 충분한 투표가 이루어지지 않아 개표하지 않고 부결 처리

PART 06

6 주민소송제

- 재무·회계에 관한 사항에 대해 위법한 행위나 업무를 게을리한 사실에 대하여 해당 지방자치단체의 장을 상대방으로 하여 관할 행정법원에 소송을 제기
- 지방자치법 개정으로 2005년 도입되어 2006년부터 시행되었고, 지방자치법 제22조에 규정

7 **주민소환제**

의미	• 임기만료 전에 그 직을 상실시키는 제도로, 가장 유력한 직접민주주의 제도로서 심리적 통제 효과가 큼. • 2006년 주민소환에 관한 법률이 제정되어 2007년부터 시행, 「지방자치법」 제25조에 규정
주민소환투표 사무관리	선거구선거사무를 행하는 선거관리위원회가 관리
주민소환투표권	지방자치단체의 19세 이상의 주민으로서 다음 각 호의 어느 하나에 해당하는 사람(공직선거법에 따른 선거권이 없는 사람은 제외) ① 해당 지방자치단체의 관할 구역에 주민등록이 되어 있는 사람 ② 영주할 수 있는 체류자격 취득일 후 3년이 지난 외국인으로서 해당 지방자치단체의 외국인등록대장에 올라 있는 사람
주민소환투표의 청구	주민소환투표청구권자는 관할선거관리위원회에 주민소환투표의 실시를 청구할 수 있음. ① 특별시장·광역시장·도지사·교육감: 당해 지방자치단체의 주민소환투표청구권자 총수의 100분의 10 이상 ② 시장·군수·자치구의 구청장: 당해 지방자치단체의 주민소환투표청구권자 총수의 100분의 15 이상 ③ 시·도의회의원 및 자치구·시·군의회의원: 당해 지방의회의원의 선거구 안의 주민소환투표청구권자 총수의 100분의 20 이상
주민소환투표의 청구제외 및 제한기간	• 청구제외: 비례대표의원 • 청구제한기간 ① 선출직 지방공직자의 임기 개시일부터 1년이 경과하지 아니한 때 ② 선출직 지방공직자의 임기만료일부터 1년 미만일 때 ③ 해당 지방공직자에 대한 주민소환투표를 실시한 날부터 1년 이내인 때
주민소환투표의 발의	관할선거관리위원회는 7일 이내에 주민소환투표일과 주민소환투표안(소환청구서 요지를 포함한다)을 공고하여 주민소환투표를 발의하여야 함.
주민소환투표 결과의 확정	• 주민소환은 주민소환투표권자 총수의 3분의 1 이상의 투표와 유효투표 총수 과반수의 찬성으로 확정 • 주민소환투표권자 총수의 3분의 1에 미달하는 때에는 개표를 하지 아니함.
주민소환투표의 효력	주민소환투표대상자는 그 결과가 공표된 시점부터 그 직을 상실
사례	2007년 경기도 하남시에서 최초로 실시되어, 시의원 2명이 직을 상실

8 주민참여예산제도

의미	• 지방예산 편성 등 예산과정에 주민이 참여할 수 있는 제도로 브라질의 포르투 알레그레 시에서 1989년 세계 최초로 실시 • 우리나라는 2004년 광주광역시 북구에서 처음 도입 후 2011년 지방재정법에 반영되었고, 중앙정부 차원에서 국민참여예산제도는 2018년 국가재정법 개정으로 도입하여 2019년 예산편성부터 시행
재정민주주의	• '대표 없이 과세 없다' 라는 표현에서 나타나듯이 재정 주권이 납세자인 국민에게 있다는 의미 • 납세자인 시민이 국가 또는 지방자치단체의 재정지출과 관련된 부정과 낭비를 감시하는 **납세자소송제도***는 재정 민주주의의 본질을 잘 반영 　　우리나라는 지방자치단체에 대해서는 주민소송제를 도입하였으나, 중앙정부를 대상으로 하는 납세자소송제는 도입하고 있지 않음.
특징	결과보다는 과정적 측면의 이념을 강조, 주로 지방정부를 대상, 예산주권의 극대화나 시민욕구의 반영을 중시, 사전적 주민통제방안
우리나라의 주민참여 예산제도	• 지방자치단체의 장은 대통령령으로 정하는 바에 따라 지방예산 편성과정(지방자치법에 따른 의회의결 사항은 제외)에 주민이 참여할 수 있는 절차를 마련하여 시행하여야 함. 다만, 결과를 반드시 예산편성에 반영하지 않아도 되는 재량사항 • 지방자치단체의 장은 수렴한 주민의 의견서를 지방의회에 제출하는 예산안에 첨부하여야 함. • 주민참여예산기구의 구성·운영과 그 밖에 필요한 사항(예컨대 주민이 참여할 수 있는 예산의 범위)은 해당 지방자치단체의 조례로 정함. • 지방의회 예산심의권 침해 논란 • 행정안전부장관은 주민참여예산제도의 운영을 평가할 수 있음.

9 규칙의 제정과 개정·폐지 의견제출

• 주민은 규칙(권리·의무와 직접 관련되는 사항으로 한정)의 제정, 개정 또는 폐지와 관련된 의견을 해당 지방자치단체의 장에게 제출할 수 있음.
• 2022년 지방자치법 전부개정의 시행으로 도입
• 지방자치단체장은 제출한 날부터 30일 이내에 검토 결과를 제출한 주민에게 통보해야 함.

Theme 08 자치입법권(조례와 규칙)

1 조례

법령의 범위에서 조례를 제정할 수 있음. 다만, 주민의 권리 제한 또는 의무 부과에 관한 사항이나 벌칙을 정할 때에는 법률의 위임이 있어야 함.

1. 지방자치단체의 장이 조례안에 대해 재의요구를 하지 않을 경우

① 지방의회(조례안 의결)	② → (5일 이내 조례안 이송)	③ 지방자치단체의 장(공포)

2. 지방자치단체의 장이 조례안에 대해 재의요구를 하는 경우

① 지방의회(조례안 의결)	② → (5일 이내 조례안 이송)	③ 지방자치단체의 장
④ → (20일 이내 재의요구) 조례안에 대한 구체적인 수정요구는 할 수 없음.	⑤ 지방의회(재의결 : 과반출석 & 2/3 이상의 찬성으로 전과 같으면 조례안은 확정)	⑥ 확정된 조례안은 지방자치단체의 장이 즉시 공포하거나 지방자치단체의 장이 5일 이내에 공포하지 않을 시 의장이 공포

🔍 재의결된 사항이 법령에 위반된다고 판단되면 20일 이내에 대법원에 소를 제기할 수 있음.

2 규칙

지방자치단체의 장은 법령 또는 조례의 범위에서 그 권한에 속하는 사무에 관하여 규칙을 제정할 수 있음.

3 기타사항

- 시·군 및 자치구의 조례나 규칙은 시·도의 조례나 규칙을 위반해서는 아니 됨.
- 지방세는 법률(조례 또는 규칙 x)이 정하는 바에 따라 부과·징수
- 조례와 규칙은 특별한 규정이 없으면 공포한 날부터 20일이 지나면 효력이 발생
- 조례를 공포하지 않거나 재의요구를 하지 않더라도 조례로써 확정
- 조례를 위반한 행위에 대하여 조례로써 1천만원 이하의 과태료를 정할 수 있음.

Theme 09 지방의회

의원의 임기	4년
의결사항	조례의 제정·개정 및 폐지, 예산의 심의·확정, 결산의 승인, 법령에 규정된 것을 제외한 사용료·수수료·분담금·지방세 또는 가입금의 부과와 징수, 기금의 설치·운용, 대통령령으로 정하는 중요 재산의 취득·처분, 대통령령으로 정하는 공공시설의 설치·처분, 법령과 조례에 규정된 것을 제외한 예산 외의 의무부담이나 권리의 포기, 청원의 수리와 처리, 외국 지방자치단체와의 교류협력에 관한 사항 등
행정사무 감사권, 조사권	• 행정사무 감사: 매년 1회, 시·도에서는 14일의 범위, 시·군 및 자치구에서는 9일의 범위 • 행정사무 조사: 본회의 의결로 본회의나 위원회에서 조사하게 할 수 있음.
의장과 부의장	지방의회는 지방의회의원 중에서 시·도의 경우 의장 1명과 부의장 2명을, 시·군 및 자치구의 경우 의장과 부의장 각 1명을 무기명투표로 선출하고, 의장과 부의장의 임기는 2년
위원회의 설치	조례로 정하는 바에 따라 상임위원회와 특별위원회를 둘 수 있음.
의사정족수 및 의결정족수	• 의사정족수: 재적의원 3분의 1 이상의 출석으로 개의 • 의결정족수: 재적의원 과반수의 출석과 출석의원 과반수의 찬성으로 의결 ⊕ 의장은 의결에서 표결권을 가지며, 찬성과 반대가 같으면 부결

징계	• 지방의회는 윤리특별위원회의 심사를 거쳐 의결로써 징계할 수 있음.
	• 징계의 종류와 의결
	  ① 공개회의에서의 경고
	  ② 공개회의에서의 사과
	  ③ 30일 이내의 출석정지
	  ④ 제명(제명에 대한 의결에는 재적의원 3분의 2 이상의 찬성이 있어야 함.)

사무기구와 직원	• 사무처 등의 설치: 시·도의회에는 사무처를 둘 수 있으며, 시·군 및 자치구의회에는 사무국이나 사무과를 둘 수 있음.
	• 사무직원의 정원과 임면 등
	  ① 지방의회에 두는 사무직원의 수는 인건비 등 대통령령으로 정하는 기준에 따라 조례로 정함.
	  ② 지방의회의 의장은 지방의회 사무직원을 지휘·감독하고 그 임면·교육·훈련·복무·징계 등에 관한 사항을 처리

Theme 10 집행기관

지방자치단체의 장	• 임기는 4년으로 하며, 3기 내에서만 계속 재임할 수 있음. • 소속 직원을 지휘·감독하고, 임면·교육훈련·복무·징계 등을 처리
지방의회의 의결에 대한 재의 요구와 제소	• 지방의회의 의결이 월권이거나 법령에 위반되거나 공익을 현저히 해친다고 인정되면, 이송받은 날부터 20일 이내에 이유를 붙여 재의를 요구할 수 있음. • 재적의원 과반수의 출석과 출석의원 3분의 2 이상의 찬성으로 전과 같은 의결을 하면 그 의결사항은 확정 • 지방자치단체의 장은 재의결된 사항이 법령에 위반된다고 인정되면 대법원에 소를 제기할 수 있음.
지방자치단체의 장의 선결처분	• 지방자치단체의 장은 지방의회를 소집할 시간적 여유가 없거나 지방의회에서 의결이 지체되어 의결되지 아니할 때에는 선결처분을 할 수 있음. • 선결처분은 지체 없이 지방의회에 보고하여 승인을 받아야 하고, 승인을 받지 못하면 그 선결처분은 그때부터 효력을 상실함.

Theme 11 분쟁조정위원회

• 위원장 1명을 포함하여 11명 이내의 위원으로 구성
• 위원장을 포함한 위원 7명 이상의 출석으로 개의, 출석위원 3분의 2 이상의 찬성으로 의결

중앙분쟁조정 위원회	• **절차**: 중앙분쟁조정위원회 의결에 따라 행정안전부장관이 조정 • **대상**: 시·도 간 또는 그 장 간의 분쟁, 시·도를 달리하는 시·군 및 자치구 간 또는 그 장 간의 분쟁, 시·도와 시·군 및 자치구 간 또는 그 장 간의 분쟁, 시·도와 지방자치단체조합 간 또는 그 장 간의 분쟁, 시·도를 달리하는 시·군 및 자치구와 지방자치단체조합 간 또는 그 장 간의 분쟁, 시·도를 달리하는 지방자치단체조합 간 또는 그 장 간의 분쟁
지방분쟁조정위원회	• **절차**: 지방분쟁조정위원회 의결에 따라 시·도지사가 조정 • **대상**: 중앙분쟁조정위원회 의결대상 외에 지방자치단체·지방자치단체조합 간 또는 그 장 간의 분쟁을 심의·의결

🔍 권한쟁의심판: 헌법재판소는 중앙정부와 지방자치단체 간 및 지방자치단체 상호 간의 권한쟁의에 관한 심판을 관장

Theme 12 광역행정

광역행정의 촉진 원인	사회·경제권의 확대, 산업·경제의 고도성장, 규모의 경제, 중앙집권과 지방분권의 합리적 조화, 행정권과 주민의 생활권을 일치시켜 행정 효율성 증진, 지방자치단체 간의 재정 및 행정서비스의 형평성 도모
사무처리 방식	• **공동처리**: 둘 이상의 지방자치단체가 상호 협력관계를 형성하여 광역적 행정사무를 공동으로 처리하는 형태 • **연합방식**: 독립적인 법인격을 그대로 유지하면서, 연합단체를 새로 창설하여 광역행정에 관한 사무를 그 연합단체가 처리하는 형태 • **통합방식**: 일정한 광역권 안에 여러 자치단체를 포괄하는 단일의 정부를 설립하여 그 정부의 주도로 광역사무를 처리하는 형태
사무위탁	• 지방자치단체나 그 장은 소관 사무의 일부를 다른 지방자치단체나 그 장에게 위탁하여 처리하게 할 수 있음. • 사무처리비용의 절감, 공동사무처리에 따른 규모의 경제 등의 장점이 있으나, 비용의 산정문제 등으로 인해 광범위하게 이용되지 못하고 있음.
행정협의회 (법인격 ×)	• 지방자치단체는 2개 이상의 지방자치단체에 관련된 사무의 일부를 공동으로 처리하기 위하여 관계 지방자치단체 간에 구성할 수 있고, 시·도가 구성원이면 행정안전부장관과 관계 중앙행정기관의 장에게, 시·군 또는 자치구가 구성원이면 시·도지사에게 이를 보고하여야 함. • 관계 지방자치단체 간의 협의에 따라 규약을 정하여 관계 지방의회에 보고한 다음 고시하여야 함. ⊕ 행정협의회 결정에 따라 사무처리를 해야 하나, 강제력이 없음.
지방자치단체 조합 (법인격 ○)	• 2개 이상의 지방자치단체가 그 사무 중 일부를 공동 처리할 필요가 있을 때에는 규약을 정하여 그 지방의회의 의결을 거쳐 시·도는 행정안전부장관, 시·군 및 자치구는 시·도지사의 승인을 받아 설립 • 우리나라의 경우 부산진해경제자유구역청이 이에 해당 • 설립뿐 아니라 규약변경이나 해산의 경우에도 지방의회의 의결을 거쳐야 함. • 지방자치단체조합을 해산한 경우에 그 재산의 처분은 관계 지방자치단체의 협의에 따름. • 구성원인 시·도 및 자치구가 2개 이상의 시·도에 걸치는 지방자치단체조합은 행정안전부장관의 지도·감독을 받아야 함.
특별지방자치단체 (법인격 ○)	• 2개 이상의 지방자치단체가 공동으로 특정한 목적을 위하여 광역적으로 사무를 처리할 필요가 있을 때에는 특별지방자치단체를 설치할 수 있고, 협의에 따른 규약을 정하여 구성 지방자치단체의 지방의회 의결을 거쳐 행정안전부장관의 승인을 받아야 함. • 특별지방자치단체의 구역은 구성 지방자치단체의 구역을 합한 것 • 특별지방자치단체의 장은 소관 사무를 처리하기 위한 기본계획을 수립하여 특별지방자치단체 의회의 의결을 받아야 함. • 특별지방자치단체의 의회는 규약으로 정하는 바에 따라 구성 지방자치단체의 의회 의원으로 구성함. • 특별지방자치단체의 장은 규약으로 정하는 바에 따라 특별지방자치단체의 의회에서 선출하고, 지방자치단체의 장은 특별지방자치단체의 장을 겸할 수 있음.

PART 06

Theme 13 국가와 지방자치단체 간의 관계

1 지방자치단체의 사무에 대한 지도와 지원

중앙행정기관이나 시·도지사는 지방자치단체 사무에 관하여 조언, 권고, 지도를 할 수 있으며 이를 위하여 자료 제출을 요구할 수 있음.

2 국가사무나 시·도사무 처리의 지도·감독

• 국가사무 처리의 지도·감독
  1. 대상 : 지방자치단체나 그 장이 위임받아 처리하는 국가사무
  2. 지도·감독 기관
     ① 시·군·구 : 1차로 시·도지사, 2차로 주무부장관
     ② 시·도 : 주무부장관
• 시·도사무 처리의 지도·감독
  ① 대상 : 시·군 및 자치구나 그 장이 위임받아 처리하는 시·도의 사무
  ② 지도·감독 기관 : 시·도지사

3 중앙지방협력회의의 설치

• 국가와 지방자치단체 간의 협력 및 관련 정책을 심의하기 위해 중앙지방협력회의를 둠.
• 의장은 대통령, 부의장은 국무총리와 시·도지사협의회장이 공동

4 행정협의조정위원회

• 중앙행정기관의 장과 지방자치단체의 장이 사무를 처리할 때 의견을 달리하는 경우 이를 협의·조정하기 위하여 국무총리 소속으로 행정협의조정위원회를 둠.
• 위원장 1명을 포함하여 13명 이내의 위원으로 구성하고, 불이행에 따른 이행 명령이나 대집행 등과 같은 협의·조정 사항에 대해서 실질적 강제력이 없음.

5 지방자치단체의 장의 위법 · 부당한 명령이나 처분의 시정

대상	지방자치단체의 사무에 관한 지방자치단체의 장의 명령이나 처분 ① 자치사무: 법령위반에 한해서 ② 그 외: 법령에 위반되거나 현저히 부당하여 공익을 해친다고 인정되는 경우
시정명령 기관	• 시 · 군 및 자치구: 시 · 도지사 • 시 · 도: 주무부장관
시정방법	서면으로 시정명령 후 이행하지 않을 시 직접 취소 또는 정지
시 · 도지사가 부작위한 경우	• 시 · 도지사가 시정명령을 하지 아니한 경우 주무부장관이 시 · 도지사에게 시정명령을 하도록 명할 수 있고, 그럼에도 시 · 도지사가 부작위한 경우에는 주무부장관이 직접 시장 · 군수 및 자치구의 구청장에게 기간을 정하여 서면으로 시정할 것을 명하고, 그 기간에 이행하지 아니하면 명령이나 처분을 취소하거나 정지할 수 있음. • 시 · 도지사가 시정명령은 하였으나, 취소 · 정지를 하지 아니하는 경우 시 · 도지사에게 기간을 정하여 시장 · 군수 및 자치구의 구청장의 명령이나 처분을 취소하거나 정지할 것을 명하고, 그 기간에 이행하지 아니하면 주무부장관이 이를 직접 취소하거나 정지할 수 있음.
지방자치단체의 장의 소 제기	지방자치단체의 장은 취소처분 또는 정지처분을 통보받은 날부터 15일 이내에 대법원에 소를 제기할 수 있음.

6 지방자치단체의 장에 대한 직무이행명령

대상	국가위임사무나 시 · 도위임사무의 관리와 집행을 명백히 게을리하는 경우
이행명령 기관	• 시 · 군 및 자치구: 시 · 도지사 • 시 · 도: 주무부장관
이행방법	서면으로 이행할 사항을 명하고, 이행하지 아니하면 그 지방자치단체의 비용부담으로 대집행하거나 행정상 · 재정상 필요한 조치를 할 수 있음.
시 · 도지사가 부작위한 경우	• 국가위임사무에 대해 시 · 도지사가 이행명령을 하지 아니한 경우 주무부장관이 시 · 도지사에게 이행명령을 하도록 명할 수 있고, 그럼에도 시 · 도지사가 부작위한 경우에는 주무부장관이 직접 시장 · 군수 및 자치구의 구청장에게 기간을 정하여 이행명령을 하고, 그 기간에 이행하지 아니하면 주무부장관이 직접 대집행 등을 할 수 있음. • 시 · 도지사가 이행명령은 하였으나, 대집행 등을 하지 아니하는 경우 시 · 도지사에게 기간을 정하여 대집행 등을 하도록 명하고, 그 기간에 대집행 등을 하지 아니하면 주무부장관이 직접 대집행 등을 할 수 있음.
지방자치단체의 장의 소 제기	지방자치단체의 장은 이행명령서를 접수한 날부터 15일 이내에 대법원에 소를 제기할 수 있음.

PART 06

7 **지방자치단체의 자치사무에 대한 감사**

> 행정안전부장관이나 시·도지사는 자치사무에 관해 보고를 받거나, 서류, 장부, 회계를 감사할 수 있으나, 감사는 법령위반에 대해서만 가능

8 **지방의회 의결의 재의와 제소**

대상	지방의회 의결이 법령위반이나 공익을 현저하게 해치는 경우
재의를 요구하게 하는 기관	• 시·군 및 자치구: 시·도지사 • 시·도: 주무부장관
재의 요구	• 재의 요구 지시를 받은 지방자치단체의 장은 의결사항을 이송받은 날부터 **20일** 이내에 지방의회에 이유를 붙여 재의를 요구하여야 함. • 지방의회의 의결이 법령에 위반된다고 판단됨에도 불구하고, 재의 요구 지시를 받은 해당 지방자치단체의 장이 재의를 요구하지 아니하는 경우에는 주무부장관이나 시·도지사는 **7일** 이내에 대법원에 직접 제소 및 집행정지 결정을 신청할 수 있음.
시·도지사가 부작위한 경우	주무부장관이 직접 시장·군수 및 자치구의 구청장에게 재의를 요구하게 할 수 있음.
의결사항의 확정	재의한 결과 **재적의원 과반수의 출석과 출석의원 3분의 2 이상의 찬성**으로 전과 같은 의결을 하면 그 의결사항은 확정
재의결 사항이 법령에 위반된 경우	지방자치단체의 장은 재의결된 사항이 법령에 위반된다고 판단되면 재의결된 날부터 20일 이내에 대법원에 소를 제기할 수 있고, 필요하다고 인정되면 그 의결의 집행을 정지하게 하는 집행정지결정을 신청할 수 있음.
지방자치단체의 장이 소를 제기하지 않은 경우	시·도에 대해서는 주무부장관이, 시·군 및 자치구에 대해서는 시·도지사(주무부장관이 직접 재의 요구 지시를 한 경우에는 주무부장관을 말한다)가 그 지방자치단체의 장에게 제소를 지시하거나 직접 제소 및 집행정지결정을 신청할 수 있음.
둘 이상의 부처와 관련되거나 주무부장관이 불분명한 경우	행정안전부장관이 재의 요구 또는 제소를 지시하거나 직접 제소 및 집행정지 결정을 신청할 수 있음.

Theme 14 행정특례

> • 서울특별시·광역시 및 특별자치시를 제외한 인구 50만 이상 대도시의 행정, 재정 운영 및 국가의 지도·감독에 대해서는 그 특성을 고려하여 관계 법률로 정하는 바에 따라 특례를 둘 수 있음.
> • 특례의 추가
>   ① 인구 100만 이상 대도시(특례시: 수원, 고양, 용인, 창원)
>   ② 실질적인 행정수요, 국가균형발전 및 지방소멸위기 등을 고려하여 대통령령으로 정하는 기준과 절차에 따라 행정안전부장관이 지정하는 시·군·구

Theme 15 지방재정

1 지방재정 개요

- 수입원에 따른 분류
  ① **자주재원**: 지방자치단체가 스스로 조달하는 재원으로 지방세와 세외수입으로 구분
  ② **의존재원**: 외부에서 조달하는 재원으로 지방교부세, 국고보조금, 조정교부금으로 구분
- 용도의 제한성에 따른 분류
  일반재원: 용도제한이 없는 재원, **특정재원**: 사용용도가 제한된 재원
- 우리나라 지방재정 수입구조의 특징
  ① 자주재원에 비해 의존재원의 비중이 높아, 국가재정에 대한 의존도가 높음.
  ② 지방재정조정제도는 중앙 − 지방 간 수직적 재정조정, 지방 간 수평적 재정조정 역할
  ③ 지방세는 재산과세의 비중이 높으며 중앙정부의 부동산 정책과 지역경제의 영향이 큼.

2-1 지방세(자주재원)

지방세의 원칙	• 보편성의 원칙: 지방세의 세원은 골고루 분포되어 있어야 함. • 응익성의 원칙: 지방세는 공공서비스의 수혜 정도를 기준으로 지방세를 부과한다는 원칙으로, 이와 대조적으로 국세는 응능주의 원칙이 지배
지방세 확보 (우리나라 문제점)	• 충분성: 지방세 수입이 지방사무의 양과 비교하여 충분하지 못함. • 안정성: 지방세는 재산과세 위주로, 소득증가에 따른 지방세 증가가 미미 • 보편성: 수도권과 비수도권의 세원이 심각하게 불균형을 이룸. • 자율성: 조례로 지방세의 세목설정 권한이 인정되지 않음.
지방세 구분	• 목적세인 지방교육세, 지역자원시설세는 특별시·광역시·도가 징수 • 광역시 군지역은 도세와 시·군세의 세목 구분을 적용 • 기초지자체가 없는 제주·세종은 광역단위에서 11개 세목을 전부 징수 • 주민세 특례: 주민세 재산분 및 종업원분은 광역시세가 아니라 구세

구분	도세	시·군세
특별시· 광역시세	취득세, 레저세, 지방소비세,	주민세, 자동차세, 담배소비세, 지방소득세
자치구세	등록면허세	재산세

2-2 세외수입(자주재원)의 종류: 지방세 외의 모든 수입

사용료	복지증진을 위해 설치한 공공시설을 특정 소비자가 사용할 때 그 반대급부
분담금	재산 또는 공공시설의 설치로 인해 주민의 일부가 특별히 이익을 받을 때 그 비용의 일부를 징수
부담금	재화 또는 용역의 제공과 관계없이 특정 공익사업과 관련하여 법률에서 정하는 바에 따라 부과
수수료	특정인에게 제공한 행정 서비스에 의해 이익을 받는 자로부터 그 비용의 전부 또는 일부를 반대급부로 징수
기타	재산임대수입, 재산매각수입 등

PART 06

3-1 지방교부세(의존재원) : '세'로 끝나지만 지방세의 세목은 아님!

목적	지방자치단체 간 재정격차를 줄임으로써 기초적인 행정서비스 제공
종류 (**보·특·부·소**)	• **보통교부세**(일반재원) 기준재정수입액이 기준재정수요액에 못 미치는 지방자치단체에 교부 • **특별교부세**(특정재원) ① 지역현안에 대한 특별한 재정수요, 재난복구 및 안전관리 등의 특별한 사유가 발생할 경우 행정안전부장관이 심사·교부하고, 지방자치단체장의 신청이 없는 경우에도 교부 가능 ② 중앙정부가 지방정부를 통제하기 위한 수단으로 사용한다는 비판 • **부동산교부세**(일반재원) 종합부동산세 전액을 재원으로 시·군·자치구 및 세종·제주특별자치도에 교부 • **소방안전교부세**(일반 및 특정재원) 행정안전부장관이 지방자치단체의 소방 인력 운용, 소방 및 안전시설 확충, 안전관리 강화 등을 위하여 교부

재원	국가의 재원	내국세 총액의 19.24%		종합부동산세 전액	담배에 부과하는 개별소비세의 45%
	↓	↓ (97%)	↓ (3%)	↓	↓
	지방교부세의 종류	보통교부세	특별교부세	부동산교부세	소방안전교부세

근거법	지방교부세법(주무부처 : 행정안전부)

3-2 국고보조금(의존재원)

목적	중앙정부가 국가사무를 지방정부에 위임하거나 지방정부가 추진하는 사업 경비의 전부 또는 일부를 보조하거나 지원
특징	• 중앙정부의 관리감독하에 놓이게 되어 지방자치단체의 자유로운 활동이 저해 • 중앙정부의 일반회계와 특별회계, 일반적으로 매년 수입되는 경상수입으로 분류(논란 있음.)되고, 국고 보조율은 사업에 따라 달라질 수 있음.
근거법	보조금 관리에 관한 법률(주무부처 : 기획재정부)

3-3 조정교부금(의존재원) : 일반조정교부금 + 특별조정교부금

목적	특별시·광역시 내 자치구 사이(자치구 조정교부금) 또는 도 내 시·군 사이(시·군 조정교부금)의 재정격차를 해소

특징	• 일반조정교부금
	  행정운영에 필요한 재원을 보전하는 등 일반적 재정수요에 충당
	• 특별조정교부금
	  지역개발사업이나 시책을 추진하는 등 특정한 재정수요에 충당하기 위한 교부금으로, 민간에 지원하는 보조사업의 재원으로 사용할 수 없음.

근거법	지방재정법 및 동법 시행령

4 지방채

의미	과세권을 담보로 하여, 증권발행 또는 증서차입 형식에 의하여 조달하는 차입자금
특징	지방채를 발행하여 내용연수가 긴 공공시설 건설에 소요되는 재원을 조달할 때 세대 간 공평한 부담을 실현할 수 있음. 🔍 지방채를 자주재원으로 분류하는 학자들도 있으나, 일반적으로 자주재원 또는 의존재원 어느 하나에도 해당하지 않는 제3의 재원

발행사유	지방자치단체의 장	교육감
	① 공유재산의 조성 등 소관 재정투자사업과 그에 직접적으로 수반되는 경비의 충당 ② 재해예방 및 복구사업 ③ 천재지변으로 발생한 예측할 수 없었던 세입결함의 보전 ④ 지방채의 차환	⑤ 「지방교육재정교부금법」 제9조 제3항에 따른 교부금 차액의 보전 ⑥ 「교육공무원법」 제36조 및 「사립학교법」 제60조의3에 따른 명예퇴직

발행절차 및 범위	• 대통령령으로 정하는 지방채 발행 한도액의 범위에서 지방의회의 의결을 얻어야 함. 다만, 지방채 발행 한도액 범위더라도 외채를 발행하는 경우에는 지방의회의 의결을 거치기 전에 행정안전부장관의 승인을 받아야 함. • 대통령령으로 정하는 바에 따라 행정안전부장관과 협의한 경우에는 지방의회의 의결을 얻어 한도액의 범위를 초과하여 지방채를 발행할 수 있음. • 지방채의 발행, 원금의 상환, 이자의 지급, 증권에 관한 사무절차 및 사무 취급기관은 대통령령으로 정함.
지방자치단체 조합장의 지방채 발행	• 지방자치단체조합장은 지방채를 발행할 수 있고, 이 경우 행정안전부장관의 승인을 받은 범위에서 각 지방자치단체 지방의회의 의결을 얻어야 함. • 조합과 그 구성원인 지방자치단체가 그 상환과 이자의 지급에 연대책임

5 지방재정력 평가

재정자립도	(지방세 + 세외수입) / 일반회계 총세입 ⊕ 지방교부세를 받을수록 재정자립도는 오히려 낮아짐.
재정자주도	(자주재원 + 세외수입 + 지방교부세 + 조정교부금) / 일반회계 총세입
재정자립도와 재정자주도의 문제점	• 특별회계와 기금 등을 고려하지 못하므로 실제 재정력을 과소평가 • 지방자치단체 간 상대적 재정규모를 평가하지 못함. • 세입 중심으로 산정되기 때문에 세출구조 파악이 어려움.
재정력지수	기준재정수입액 / 기준재정수요액, 보통교부세 교부 기준

6 기타

서울시 공동세	자치구 간 재정격차 완화를 위한 재정조정 장치로, 자치구별 재산세 중에서 50%를 서울시세로 하여 25개 자치구에 균등 배분
지역상생 발전기금	수도권 지방자치단체에 귀속되는 지방소비세 수입의 35%를 재원으로 지방자치단체 간 수평적 재정조정제도

Theme 16 예산안 편성과 결산

예산안 제출	• 시 · 도: 회계연도 시작 50일 전까지 • 시 · 군 및 자치구: 회계연도 시작 40일 전까지
예산안 의결	• 시 · 도의회: 회계연도 시작 15일 전까지 • 시 · 군 및 자치구의회: 회계연도 시작 10일 전까지
예비비	• 일반회계와 교육비특별회계의 경우에는 각 예산 총액의 100분의 1 이내의 금액을 예비비로 예산에 계상하여야 함. • 그 밖의 특별회계의 경우에는 각 예산 총액의 100분의 1 이내의 금액을 예비비로 예산에 계상할 수 있음. • 재해 · 재난 관련 목적 예비비는 별도로 예산에 계상할 수 있고, 지방자치단체의 장은 지방의회의 예산안 심의 결과 폐지되거나 감액된 지출항목에 대해서는 예비비를 사용할 수 없음.
결산	지방자치단체의 장은 출납 폐쇄 후 80일 이내에 결산서와 증명서류를 작성하고 지방의회가 선임한 검사위원의 검사의견서를 첨부하여 다음 해 지방의회의 승인을 받아야 함.

Theme 17	지방공기업(지방공기업법)

대상사업	수도사업(마을상수도사업은 제외), 공업용수도사업, 궤도사업(도시철도사업 포함), 자동차운송사업, 지방도로사업(유료도로만 해당), 하수도사업, 주택사업, 토지개발사업 등

종류	• 지방직영기업(법인격 ×)
	  소속행정기관 형태, 대부분이 공무원 신분, 상수도사업본부
	• 지방공사(법인격 ○)
	  지방자치단체의 위탁과 관계없이 업무영역 확장이 가능, 도시공사
	• 지방공단(법인격 ○)
	  원칙적으로 지방자치단체가 위탁한 기능만을 처리, 시설관리공단

출자 (공사만 허용)	지방공사의 자본금은 지방자치단체가 전액 출자하되, 필요한 경우에는 자본금의 1/2을 넘지 아니하는 범위에서 지방자치단체 외의 자(외국인 및 외국법인을 포함)로 하여금 출자하게 할 수 있음.
경영평가 및 경영진단	• 원칙적으로 행정안전부장관이 실시하며, 지방자치단체장으로 하여금 경영평가를 하게 할 수 있음. • 행정안전부장관은 경영평가 결과 또는 특별한 대책이 필요한 경우 경영진단 실시
지방공기업 평가원	지방공기업에 대한 경영평가, 관련정책의 연구, 임직원에 대한 교육 등을 전문적으로 지원하기 위하여 지방공기업평가원을 설립

PART 06

Theme 18	특별지방행정기관

의미	• 중앙정부에서 설치한 일선행정기관으로, 법인격은 물론 자치권이 없음. • 유역환경청, 국립검역소, 지방국토관리청, 시·도경찰청, 세무서, 출입국관리사무소, 교도소, 세관, 우체국 등
특징	• 출입국관리, 공정거래, 근로조건 등 국가적 통일성이 요구되는 업무 수행 • 전문분야를 효율적 수행, 행정기관 간의 중복을 야기 • 현장의 정보를 중앙정부에 전달, 중앙정부와 지방자치단체 사이의 매개
단점	• 주민들의 직접참여와 통제가 어려워 책임행정을 저해 • 지방자치단체와 유사·중복기능의 수행으로 중복 및 비효율, 혼란, 지역종합행정 저해 • 중앙부처의 감독을 용이하게 하는 반면, 부처이기주의를 초래

Theme 19 자치경찰

도입취지	• 지역실정에 맞는 치안 행정을 펼치기 위하여 2021년부터 시·도별 시·도자치경찰 위원회를 설치·운영 • 제주특별자치도의 경우 제주특별법에 의해 2006년 제주자치경찰이 출범되고, 제주 자치경찰단이 주민의 생활안전 활동에 관한 사무를 수행
자치경찰사무	• 지역 내 주민의 생활안전 활동에 관한 사무 • 지역 내 교통활동에 관한 사무 • 지역 내 다중운집 행사 관련 혼잡 교통 및 안전 관리 • 학교폭력 등 소년범죄, 가정폭력, 아동학대 범죄 등과 관련된 수사사무

시·도
자치경찰위원회
	• 위원장 1명을 포함한 7명의 위원으로 구성, 위원장과 1명의 위원은 상임으로 하고
	5명의 위원은 비상임
	• 시·도자치경찰위원회 위원은 다음 각 호의 사람을 시·도지사가 임명
	  ① 시·도의회가 추천하는 2명
	  ② 국가경찰위원회가 추천하는 1명
	  ③ 해당 시·도 교육감이 추천하는 1명
	  ④ 시·도자치경찰위원회 위원추천위원회가 추천하는 2명
	  ⑤ 시·도지사가 지명하는 1명
	• 시·도자치경찰위원회 위원장과 위원의 임기는 3년으로 하며, 연임할 수 없음.

Theme 20 지방교육자치

도입취지	교육의 자주성 및 전문성과 지방교육의 특수성을 살리기 위하여 도입
지방교육자치 사무	• 지방자치단체의 교육·학예에 관한 사무는 시·도의 사무 • 시·도의 교육·학예에 관한 사무의 집행기관으로 시·도에 교육감을 둠. • 시·도교육감 선거는 2007년 최초로 실시되었고, 정당공천은 배제 • 국가사무 중 시·도에 위임하는 교육·학예에 관한 사무는 교육감에게 위임

MEMO

김재준

주요 약력
행정고시 55회 합격
행정안전부 수습사무관
대통령소속 지방자치발전위원회 근무
(현 자치분권위원회)
울산광역시 기획조정실 등 근무
University of Missouri(美) 행정학 석사
한국개발연구원(KDI) 국제정책대학원 석사
중앙대학교 학사

주요 저서
김재준 단권화 행정학
김재준 행정학 기출문제집
김재준 행정학 키워드 요약집

행정학 관련 강의 및 Q&A
네이버 카페 : 김재준 행정학(https://cafe.naver.com/gonggampublicadmin)
YouTube : 김재준 행정학TV

김재준 행정학 키워드 요약집

초판 인쇄 | 2024. 11. 15.   초판 발행 | 2024. 11. 20.   편저 | 김재준
발행인 | 박 용   발행처 | (주)박문각출판   등록 | 2015년 4월 29일 제2019-000137호
주소 | 06654 서울시 서초구 효령로 283 서경 B/D 4층   팩스 | (02)584-2927
전화 | 교재 문의 (02)6466-7202

저자와의
협의하에
인지생략

정가 13,000원
ISBN 979-11-7262-316-6